男の条件

こんな「男」は
必ず大きくなる

永松茂久
Shigehisa Nagamatsu

Kizuna Pocket Edition
Kizuna
Pocket
Edition

きずな出版

男たちよ、こんな「男」を目指してほしい。
女たちよ、こんな「男」と出会ってほしい。

□もっとかっこよく生きてみたい
□器《うつわ》の大きな男になりたい
□人から憧《あこが》れられる生き方がしたい
□大切な人を守れるようになりたい
□夢を叶《かな》えたい
□人から必要とされたい
□もっと強くなりたい
□なぜあの人には人がついていくんだろう
□「いい男」ってどんな男なんだろう
□「いい男」と出会いたい

こんな思いを持っているすべての人に、この本を贈ります。

はじめに――かっこいい男とは?

「最近の男は弱くなった」
「いい男がいない」

この言葉が当たり前に言われるようになってからずいぶん経《た》つ。そして、この言葉を聞く人たちも、隣で当たり前のようにうなずく。

実際はどうだろう。本当に弱くなっているのだろうか? 果たして、いい男とは何なのだろう? 僕はこのことをずっと考え続けてきた。

「男って弱い生き物なんだよ。情《なさ》けなくて、ごめんね」

テレビでこんな言葉を聞くと、「いったい何にこびているのだろう？」という違和感でいっぱいになってしまう。

しかし、そんな風潮の中でも、人知れず大切なものを守るために生きている「男」は必ずいる。

「男」。それは、どんな時代でも、どんな環境でも、どんな風潮の中でも、自分の誇りを失わず、大切な人を守るために生き、後世、あとに続く男たちに何かを残せる自分でいたい、そんな男として当然の思いを持ち、そしてあきらめていない存在のことだ。

本書は本当の「男」を目指す男性たち、そして本当の「男」とは、どういう男なのかを知りたい女性たちに向けて書いた。

そして、これはあくまで僕の推測の範疇《はんちゅう》ではあるが、これからは「男」の時代が来ると思っている。女性の社会進出が盛んに叫ばれているいま、そんなことを言うと、眉《まゆ》をひそめられることもあるかもしれないが、僕はそう信じている。

しかし、その「男の時代」とは、「すべての男が胸を張って大手を振っていばる」ということではない。草食系や意志を持たない男たちは自然淘汰《とうた》され、いままでぬくぬくと過ごさせてもらった日本の男たちが、いまの日本、もっと細かく言えば、自分の大切な人たちを守るために、いい加減に目を覚まさなければいけなくなってくるという意味での「男の時代」だ。

口には出さなくても、男なら誰もが心の奥底に「男としてのかっこよさ」への憧れを持っている。

少なくとも、僕が出会ってきた人たちは年齢にかかわらず、本音の部分では、「男でありたい」という。

ぼんやりでもいい。もしあなたが、「かっこいい男ってどんな男だろう?」と一度でも考えたことがあれば、この本を読めば、その輪郭《りんかく》が必ず明確になる。

そのため、僕が見てきた「男」の生き方や事例を紹介しながら、ふだん口にすることが少ない、「男のかっこよさ」について具体的に言葉化していく。

そして、その条件を1つずつクリアするたびに、あなたは確実に「男」に近づいていくことを約束する。

■……男の条件〈目次〉

第2章 必ず大きくなる男の条件

第3章 いい男との出会いが人生を変える

第4章 やってはいけない男のルール

第5章 誇り高く生きるということ

第6章 大切な人を守るということ

プロローグ――大きく伸びる男だけが持っている「3つの覚悟」

その場にいるだけで、周りを安心させる男がいる。静かではあるが、その言動や立ち居振る舞いで周りの心を引きつける、そんな男がいる。迫力やパワーで周りを牽引《けんいん》していく、そんな男がいる。華《はな》があり、周りの憧れとなる男がいる。

一言でいえば、「かっこいい男」のことだ。

これに対して、その場にいても存在感がなく、周りの意見に一生懸命自分を合わせようとするオトコがいる。意見を求められても、右へ倣《なら》えの言動で、周りに頼りなさを感じさせてしまうオトコがいる。いざとなっても自分の身を守ることに必死になって、周りを失望させてしまうオトコがいる。

一言でまとめれば、厳しいが、「ありがちなオトコ」と言っておこうか。


男は、「男」と「オトコ」に分けられると僕は思っている。そして、本書を手に取ってくださったあなたは、当然「男」側でありたいと思っているはずだ。

さて、この2種類の「おとこ」の差はなぜ生まれるのだろうか？

そして、どうすれば「男」になれるのだろうか？

大きく分けて条件は3つある。

そして断言する。この3つが兼ね備われば、たとえいまは「オトコ」であったとしても、近い将来、誰でも「男」になれる。


まず1つめは、「自分の大切な人を守るという覚悟」だ。

大切な人は人によってさまざまだ。両親、恋人、部下、上司、友人、子ども、お世話になった人、それぞれの立場や環境の中で異なるはずだ。それが1人という人もいれば、多すぎてわからないという人もいるだろう。何人でもいい。想像してみてほしい。

では、その人の何を守るのか？

大きく言えば、その人の「存在」だ。細かく言えば、その人の「居場所」「立場」「気持ち」「自己重要感」「肯定感《こうてい》」「生活」「安心感」などが挙げられる。

わかりやすくイメージしていただくために、本書ではいろんなストーリーを紹介させていただくが、「男」を表現している物語の中で、この「大切な人を守る」というところを使っていない話は一切《いっさい》存在しない。

やってくるピンチ、困難の中で、「男」は何度もその覚悟を問われる。

そして、現実の中でも、僕たちは、そんな場面に何度も直面する。

「それでもあなたは大切な人を守りますか？」と、まるで何か目に見えない不思議なものに質問されるかのように。

「自分を守るか？　それとも大切な人の尊厳を守るか？」

振り返ってみると、そんな場面は多々あったのではなかろうか。簡単なことでいえば、笑顔でいること、人にあたたかい言葉をかけること、うなずいて人の話を聞くこと、そんな単純な行動や、土壇場《どたんば》でその人のために身を挺《てい》してでも助けにいく、そんな場面まで、すべてにおいて、この「大切な人を守るという覚悟」があるかないかで、その人の行動は必然的に変わってくる。

2つめの条件。それは「土壇場で逃げない」ということだ。

仕事の中で、社会の人間関係の中で、「男」の人生には選択がつきまとう。その連続といっても過言ではない。矛盾《むじゅん》したことや悔《くや》しい思いをすることだって当然ある。

自分が安全な場所にいるときは、自分は強い人間だと思い込んでいたとしても、土壇場になって逃げてしまったり、踏み出すべき一歩が踏み出せないで情けない思いをしてしまったり、そんなことだってある。

人に親切にしたいのに、周りの目が気になって、やりすごしてしまったこと。いいとわかっていても体が動かなかったこと、会議で発言しようかどうか迷っていたら、人に先を越されてしまったこと、そんな経験は誰にだってあるだろう。

しかし、問題はここからだ。

「あんな状況だったら仕方ない」と自分を慰《なぐさ》めて正当化するのは簡単なこと。

しかし、その正当化がクセになって、自分の中にある良心と向き合うことをやめて居直ってしまうたびに、男は自分の中の大切な何かを1つずつ失っていく。

大切な人を守るために、そして、自分の誇りを守っていくためにも必要なことは訓練や、それを通して身についていく実力である。

逃げずに自分と向き合い、自分を磨き続けていけば、心身ともに、やがて誰もが自分の理想とする「男」に近づいていけるのだ。


「男」であるための3つめの条件にいこう。

それは「自分の中の美学を持つ」ということ。深く突き詰めると自分の信念だ。

「男」というと、どえらい行動パターンを持っているように感じることがあるかもしれないが、意外とそうでもない。「男」のパターンはシンプルなものだ。

しかし、どんな状況においても、それが一貫されている。自分の在《あ》り方、自分のルール、そして自分の信念を貫き通そうとする「男」は必然的に存在感が出る。

逆に、自分のルールを持たず、その場に合わせて無難にやりすごそうとする「オトコ」は、自分のみの安全は一旦は確保できたとしても、結局、周りの信用や自分の誇りを1つずつなくしてしまい、結果的に周りの人にとっての「その他大勢」で片付けられてしまうことになる。

そして、あらかじめ伝えておくが、そのルールは人に求めるものではなく、あくまで自分の中で決めるものだ。

「ここまでは許せるけど、ここからは絶対に引けない」

心の中にしっかりとした線を持って生きてほしい。そんな「男」は必ず輝く。そして、そんな人間は周りが放っておかない。

さあ、「男」について一緒に考えていこう。

第1章

男の価値は目に宿る

大きく育つ男の共通点

初めにこれだけは言える。これから世に出る「男」、必ずでかくなっていく「男」には、たった1つの共通点がある。

それは、「いい目をしている」ということだ。

いつも何かを見据《す》えている、しっかりとした意志のある、そして輝きを持った目をしている。そして、その裏に、静かだが、何かあると、いつでも獲物《えもの》に飛びつきそうな、そんな野生の面も持ち合わせる。

「目は口ほどにものを言う」ということわざがあるが、もっと意味合いは大きい。

「目は口以上にものを言う」ものなのだ。

誰だって、口では何とでも言える。しかし、淀《よど》んだ目、力のない目で何を言っても、本物の男はだませない。

人生の機微《きび》を知り、いろんなことを体験してきた海千山千の男たちは、常にその男の目つき、そしてその目の奥を見ているものだ。

ある大成功者が、周りがびっくりするような歳の離れた若者を、後継者として選んだ瞬間に立ち会ったことがある。数日後、その先代と食事をする機会に恵まれたので、他の実力者を差し置いて、なぜまだ実績のない彼を選んだのかを聞いてみると、意外な答えが返ってきた。

「たしかに、いまの時点で彼より実績のある人はたくさんいるが、彼ほどいい目を持っている男は他にいなかったからだよ」

「え？　目で決めたんですか？」

「そうだよ。私のところに初めて来た瞬間から、彼は必ず大きくなる『男』の目をしていた。年寄りをワクワクさせる目をしていたんだよ。いまの時代にこんな目を持った若者がいるんだなってうれしくなってね。いまはまだ荒削《けず》りだけど、磨《みが》けば彼は必ず大きな『男』になる」

この言葉は僕の中の深い何かを揺《ゆ》さぶった。普通はもっと具体的なことを言う人が多いが、こんなニュアンス的なことを口にする人に初めて出会った。しかし、その先代が言っていることは、僕の頭ではなく、心に響いた。そして感覚的に理解もできた。これだけの大物にそんなことを言われる彼がうらやましくなった。

「あいつはいい目をしている」

これは男が先輩から言われるとうれしい言葉ナンバーワンかもしれない。

「それは生まれ持ったものですか？　それとも後天的に身につくものなのですか？」

さらに突っ込んで聞いてみると、先代はこう答えた。

「ごくまれに生まれつき、そんな性根《しょうね》を持った男もいるけどね、男は泣いたり悔しい経験を積み重ねたりして、ゆっくりといい目になってくる。本当は誰にでもその資格はあるよ。生き方が目に出る。それは若いとか、歳をとっているとかは関係ないな」

「その資格はどうすれば手に入るんですか？」

最後にこう聞くと、即座にこの答えが返ってきた。

「自分から逃げないことだな」

最近、講演や店で、たくさんの若い男性と話をさせてもらう機会が増えた。

男性が多いときは、必ずと言っていいほどこの話を一番初めにさせてもらっている。すると、かつて、初めて「目」の話を聞いたときの僕のように、男たちの目に音が聞こえるくらい、パチッとスイッチが入る。目を大きく見開く人も入れば、グッと眉間《みけん》に力が入る人もいる。男は誰だって、そんないい目をして生きていきたいのだ。

人は何かに興味を示したとき、自分の好きなことをやっているとき、目の瞳孔《どうこう》が開き、輝きを増すという。そして、これは言わなくてもわかると思うが、目のかたち、一重、二重などの表面的なものではない。残念ながら男は女性と違って化粧で目力を強調することはしない。生き方で勝負するしかないのだ。何かを真剣に見つめるようになったとき、男は必ずいい目になる。

そう考えると、「目が輝いている」というのも、あながちニュアンス的なものではないのかもしれない。


あなたはいま、どんな目をしているだろうか？

そして、どんな目をして生きていくのだろうか？

男がいい目になる瞬間

「君看《み》よ、双眼《そうがん》の色。語らざれば憂《うれ》い無きに似たり」

この言葉を知っているだろうか？　白隠慧鶴《はくいんえかく》という禅師《ぜんじ》の言葉だ。昭和の大賢人、相田みつをさんは、この言葉をこう説明した。

「ほら、君も彼の二つのまなこをじっと見てごらん。

何も言わない彼の眼は悲しいことや、つらいことなど何もなかったように見えるかもしれないね。でもね、語らないのではなく、語れなかったんだ。説明したってつらさをわかってはもらえないし、ある意味、相手のことを考えて、じっと耐えたのかもしれない。

人は誰もつらいとき、誰かに話を聞いてもらいたくなる。

でもね、それを言ったからとしたって、何の解決にもならないことを彼は知っていたんだ。悲しみをじっと堪《こら》えて自分の中にしまうと、不思議とまなこが澄んでくる。

そしてね、人の喜びや悲しみのわかる優しい人間になるんだよ。

だからあの人の眼の中にある輝きや深さ、そして優しさは、彼が一人でじっと耐え、涙を流した証拠なんだよ」

僕がこの言葉に出合ったのは中学生のときだった。正直、そのときには、この言葉の意味はまったくわからなかったが、言葉の存在だけは、僕の心の深くに残った。しかし、歳を重ねるにつれ、いろんないい男と出会い、いろんな体験をしていくうちに、この言葉の意味を、少しずつ、頭ではなく、心で感じることができるようになってきた。

冒頭に書いたが、大きく伸びてくる男は、必ずこの目を持っている。

そしていろんな経験をするにつれて、さらに輝きが増し、目の奥が深くなってくる。生きていればいろんなことがある。土壇場も突然やってくる。正直、逃げたくなるときもあるし、言い訳をして、その場をうまくごまかしたくなることだってある。

しかし、ここで、自分の弱さから逃げるのか、それとも向き合っていくのかで、そのあとの人生は大きく変わる。しっかりと踏みとどまり、自分のできることを全力でやってきた男には、他の人にはない、不思議な風格が備わってくる。そして、どんな男であれ、その重みはその人と向き合った瞬間に感じとれる。どうやら男には、戦い続けてきた動物だったときから備わった、相手の力量を計るセンサーのようなものがあるのかもしれない。

岐路《きろ》に立たされたとき、何を捨て、何を守るか？

ピンチになったとき、逃げたくなったとき、普通の男は、大切な人やプライドを捨て、己《おのれ》の身を守る。逆に伸びる男は、そんなとき、自分の安全を捨ててでも、大切な人や自分の誇りを守る。

男たちよ、こんな男を目指してほしい。

女たちよ、こんな男に出会ってほしい。

先人が言っていた言葉の意味はここにある。

「自分から逃げるな」

現代の女性が求める「男」

この本を書くことになって不思議なことに気がついた。

正直、「男の条件」という、モロに男性向けの本だから、取材しても、女性にはそっぽを向かれるテーマだなと思っていたのだが、意外なことにえらい反応をいただいた。

「賛成！」「早く読みたい！」――「いえいえ、男性に向けて書くんです」と言っても、いたるところでたくさんの女性から、その言葉をいただいた。そして驚くのが、男性に頼らず、自分の力で人生を切り開いてきたたくましい女性たち、こういう人たちがとくに最近、「そろそろ強い男に守ってもらいたいな」と口にするようになったことだ。

「あなたを守れる強さを持っている人って、いったいどれだけすごい男なんですか?」と聞きたくなるが、なんとなく、疲れている女性が増えてきているように思う。もちろん、すべてではないが。

「男になりたい」「男でありたい」。これはほとんどの男性がそう思う、口にこそしないが根っこにある大きな、そして切実な願望だ。そして女性にも、「男であってほしい」という願望があるのだ。

小さい頃、男の子はウルトラマン、女の子はシンデレラに憧れる。

我が身を捨ててでも、周りの人の平和を守るという「男」と、そんな「男」に守ってもらいたいという姫の願い。現実社会の中でも、殿と召使《めしつか》い女よりも、姫とサムライのほうがどうやら絵になるようだ。実際、そのかたちの物語のほうが多い。

こんなことを言うと、「女性はそんなに弱くない」という人もいるかもしれないが、そういう女性はそれでいい。強く生きればいい。それに越したことはない。しかし、僕がしているのは全体的な時代の流れの話だし、男性にとって女性、女性にとって男性というのは、やはり、切っても切りきれない大切な存在なので、思い切って書く。

妻と子がテレビを見て笑う。その安全な家を守るために男が働く。

共働きの時代とはいえ、やっぱり男のほうに、働くということに対する比重は大きい。

ひっくり返っても男は子どもを産むことができないから、命の継承は女性にがんばってもらうしかない。ここで言う女性を守るというのは、わかりやすくバッグを持ってあげるとか、料理を取り分けるという、表面的なものではない。もちろんそうしたい人はすればいい。それは2人の価値観の問題だ。

しかし、そうではなく、本当の優しさというのは、女性が困ったとき、道に迷ったとき、壁にぶち当たったときに、その壁をぶっこわして、「はい。道が空いたよ。しっかりと歩きな」と言える、そうした強さを兼ね備えたものじゃないかと思う。

これからの時代、自分を磨いて少しでも強くなろうとする男を、「けしからん!」と突っぱねる女性は減る。

素敵な「男」が増えたほうが、女性も安心して姫になれるからだ。

言うまでもないことだが、いばることが強さじゃない。

「男だー」と主張することがかっこいいのではない。

どんなときにも冷静で、器が大きく、そして少しかわいげのある、そんな「男」が出てくるのを女性は待っている。そして時代が待っているのだ。

人である前に、まず「男」を目指せ

僕の会社では、「男」というものについて、よく議論する。20代の若者たちが一番のコアになるので、「かっこいい男になりたい」と素直に口にする。「飲食店で働く人として」、という話よりも、どちらかというと、「男として」という話をしたあとのほうが、テンションが上がっていい働きをする。

この「陽《ひ》なた家《や》男会議」、始めたのはここ5年くらいの話だ。

それまでは、僕自身も未熟なくせに、「人として論」を語っていた。話をしていく中で、「うーん、これは人としては◯だけど、男としてはちょっといかがなものだろうか？」と違和感を覚える瞬間は多々あったが、男女入り交じっているので、そのまま進めていた。

ある日のミーティングで、たまたま全員が男という日があったので、ここでしかできない話をしようということになった。すると、いつもの会議よりも、信じられないくらい盛り上がった。本音もどんどん出てきた。ミーティングが終わったあと、スタッフの1人がうれしそうにこう言った。

「社長、正直、いままでは『人として』の話ばかりだったので、どちらかというと、『正しく生きなきゃ』と思っていました。そればかり考えていると、苦しくなる瞬間もけっこうあったんです。でも、今日、『人である前に、まず男としてかっこよく生きよう』って言ってもらえて、ワクワクが止まりません。ありがとうございました」

この言葉を聞いて、僕は会社の人財育成（本書では人材ではなく人財と書きます）の方向性を変えることにした。まずは「男って何だろう？」ということを追求していくことに決めたのだ。すると、男の子たちがどんどん元気になっていった。

もちろん人として、正しく生きようと努力することは大切なことだ。でも、それだけでは男はパワーを失ってしまう恐れがある。実際に、20代の人が、「感謝」や「奉仕」ばかりを言っている姿を見ると、その人の将来が心配になる。

いい男よりも先に、いい人になろうとしすぎると、パワーのない頭でっかちになってしまうのではないかと思ってしまうのだ。20代はとにかく、行動と体験、そして出会いに使う時期だ。

誰だって、若い頃はエネルギーにあふれて間違いを起こすこともある。しかし、それを恐れるがあまり、丸く丸く、角が立たないように、失敗しないように生きすぎると、面白みのない男たちができ上がってしまう。

まずは男として、かっこよく生きることを目指してみてはいかがだろうか?

そこを追求し、いろんなことを経験し、そして突き抜けていった先に、おそらく「人として」という深いテーマが待っているような気がする。

人を引きつける「男」の価値基準

正しく生きようとすることはすばらしい。

しかし、世の中は正しさだけではまかり通らないこともある。社会は小学校の学級会ではない。矛盾したことや、腹の立つことだってたくさんある。権力や感情、そして個々人の都合。いろんなものが混じり合って成り立っているのだ。この中で、正論だけを振りかざして生きるのは、少し幼くとられてしまう危険性がある。

もちろんその矛盾の中で、正しさを追求していくのは大切なこと。それが理性だ。しかし、実際は、世の中というのは感情で動いていると知り、ときには清濁《せいだく》あわせ呑《の》むくらいのゆとりを持てるようになると、男は少しだけ大人になる。

人間は2種類に分けられる。当然だが男と女だ。そして、男には男のルール、女には女のルールがある。本書は男がテーマなのでそっちを書くが、必ずしも、人としてのルールと男としてのルールがすべて一致するとは限らない。

たとえば何かで人と衝突《しょうとつ》したとき、手を出すことは絶対タブーではあるが、反論も何もできずにいると、残念ながら、男としては失格のレッテルを貼られてしまう。母親は「よく逃げたね」とほめてくれても、隣で父親はムスッとしている。

では、男にとって、一番の基準になるものは何だろう。僕は、こう定義する。

「男の基準は、『かっこいい』か『かっこわるい』か」が一番大きい。

これは常に男の中に存在する。

たとえば、弱いものをいじめる人は正しいか、正しくないか？

人として、これは絶対に正しいことではない。

人のせいにするのは正しいか、正しくないか？

これも正しくないに入るだろう。しかし、男というのは、この「正しくない」よりも、この言葉のほうが効く。

弱いものをいじめるやつは「かっこわるい」。

人のせいにするのは「かっこわるい」。

おそらく、ほとんどの男は、「間違っている」と指摘されるより、「かっこわるいよ」と言われるほうが心が折れる。それだけ、男というのはかっこよさや男としての美しさ、つまり男の美学というものに心を奪われる生き物なのだ。

「義」という言葉がある。

「義」を分解すると、「羊」＋「我」になる。

じつは、この「羊」をよく調べてみると、「美しい」という意味らしい。つまり「義」とは、「自分自身の美しい在り方」、つまりかっこよさという意味ということになる。

これは越後《えちご》（現在の新潟県）の名君、上杉謙信《うえすぎけんしん》が旗印《はたじるし》にかかげ、大切にしてきた言葉だ。

その謙信には、こんなエピソードがある。

雌雄《しゆう》を争った終生のライバル、武田信玄《たけだしんげん》の治める甲斐《かい》は海なし国だ。

海がないということは、塩が手に入らない。塩は生命を守るものの1つだから、これがないということは、信玄軍にとっては致命傷《ちめいしょう》だ。

信玄が困り果てたとき、塩が送られてきた。送り主はなんと謙信だった。

謙信にとっての義は、食べ物で弱った相手をたたくのではなく、あくまで戦いの中での決着だったのだ。何ともかっこいい話だ。

「敵に塩を送る」という言葉は、ここから生まれた。

あなたにとっての「義」、かっこよさの基準はどんなところにあるのだろうか？

少々のゆとりを持つ

正論というものがある。誰がどう聞いても正しいことだ。

しかし、正論とはある意味、凶器にもなりうる。

正しさだけを大上段に振りかざすと、思わぬところで人を傷つけてしまうことがある。

とある会でのことだった。このときのリーダーがどちらかというと、四角四面な優等生タイプで、メンバーに対しても、すべて正論で来るタイプだった。

「時間厳守」「身なりを整える」「言葉遣いをきちっとする」

その他、いろんなルールをしかれ、それを守れなかった人を厳しく責め立てた。

しかし、言っていることは一点の間違いもないので、誰も何も言えなかった。

ある日、その会で一番まじめに言うことを守っている、リーダーのお気に入りの子が、始まりの時間から「30秒」遅刻した。

すると、そのリーダーは激怒《げきど》し、皆の前で時間厳守の約束事を盾《たて》に吊《つ》るし上げた。すると、その会の中で、まあ、可もなく不可もなくの普段はとてもおとなしい人が、リーダーに言った。

「もういいんじゃないですか？　リーダーの言っていることは本当に正しいと思います。でも、正しいだけですべてがうまくいくんですか？」

その言葉に周りはシーンとなった。

いまの社会全体がこんな傾向にある。誰かが謝ったり、誰かを吊るし上げてスケープゴートにするのは、いまや当たり前になっている。それを見て、多くの人が重箱の隅をつつくような議論をする。

会社でもこれはあるかもしれない。もちろん悪いことは悪い。しかし、あまりに正論ばかりの空気が流れると、その場は窮屈《きゅうくつ》になってしまう。もうちょっと鷹揚《おうよう》な部分、つまり遊びの部分を持ち合わせないと、全体が縮こまってしまう。

残念ながら、世の中にはたくさんの矛盾が満ちあふれている。

これを少しでも改善していく努力はもちろん大切だが、ある意味、この矛盾があることをしっかりと理解するのも大切なことだ。

人に何かを伝えるときだってそうだ。どんな人にもそれぞれの立場や都合、そして思いがある。そこを理解したうえで、行動できる男は美しい。

まっすぐに伝えても理解してもらえないなら、たとえ話や自分の失敗談として伝えるのも1つの方法だ。

直球よりも変化球のほうが届くこともあることを知っておくべきなのではないだろうか。

男にはランクが存在する

あなたは、向き合っただけで、「あ、この人には勝てないような気がする」という人と出会ったことはないだろうか？

20代の頃の僕は、どちらかというと、勉強のためにいろんな人に会いに行くタイプだったので、当然、格上の人たちばかりと出会うことになるから負け続けだった。自分との経験の違い、考え方の違い、立ち位置の違い、器の違いを感じつつ、何度も悔しさを体験した。そして、その頃から、男には格付けがあるということを知った。相撲でいうところの番付《ばんづけ》のようなものだ。

序ノ口から、序二段、三段目、そして幕下、十両、幕内に入って、だんだんと番付を上げていく。そして誰もが目指すのは横綱だ。政治、経済、文化、芸能。どの業界でも、この格付けは存在する。

たとえば、これは経済力で測られる場合もあれば、実績で測られる場合もある。しかし、男の本当の格というのは一概に、そうした数字や目に見えるものだけで測られるものではない。どちらかというと、目に見えないものだ。ではそれは何か？

僕は「腹と器」が基準だと思っている。

「腹が据わっている」という言葉がある。追いつめられたときでも動揺せずに冷静に動ける、そんな人に向けて使われる言葉だ。覚悟とも言い換えることができるかもしれない。

腹が据わっていけばいくほど、男の格は上がる。どうすれば腹が据わるのか？

これは経験を通して磨いていくしか方法はない。その経験の中でも一番大きなきっかけになるのがおそらく仕事だろう。

もちろん他にもあるかもしれない。たとえば社会活動、人間関係、いろんなものが挙げられるが、とにかく人とのかかわり合いの中で、男は磨かれる。

楽しいことばかりではない。思いどおりにならないことだってたくさんある。いや、とくに若い頃はそちらのほうが多いかもしれない。当然嫌《いや》なやつだっているし、不当な扱いを受けることだってある。その中で、自分の在り方を探し続け、もがくことでだんだんと男の腹は据わってくる。そして、その経験を肥《こ》やしとして、男は器を広げていくのだ。

そして、その器が結果になったものが、社会的地位だったり、人望だったり、名誉や金銭として現れてくるだけだ。

スポーツでもなんでもそうだが、自分の力を磨いたり、実力をつけたいと思うなら、方法は1つ。自分より格上の人間にぶつかっていくのが一番の早道だ。

当然負ける。しかし、その負けの中から自分の足りないことを見つけ出し、しっかりと分析し、次の糧《かて》にする。

それをあきらめることなく繰り返し、自分の腹と器を磨き続けた男の周りには、いつかやがて、かつての自分のような、上を目指す男たちがたくさん集まってくる。

そしてこんどは、自分が横綱として、若手の思いを受けとめる立場にまわることになる。

どんなときでも動揺せずに、人を守っていける、そして、次世代の道しるべとなる、そんな腹の据わった器の大きな男を目指していきたいものだ。

いざというときに捨て身になれるか

いまの鹿児島県、幕末の薩摩《さつま》藩、いや日本の英雄、西郷隆盛《さいごうたかもり》がこんな言葉を残している。

「命もいらず、名もいらず、官位も金もいらぬ人は始末《しまつ》に困るものなり。此の始末に困る人ならでは、艱難を共にして国家の大業は成し得られぬなり」

この言葉を残した西郷さん自身が、このような人だったことは間違いない。

まあ、ここまで大物の話でなくとも、地位や名誉、そしてお金で動かない「男」は実際にいる。自分の信念に合わないことにはてこでも動かない、こんな「男」の感覚は、普通の感覚の人には理解ができない。それだけではなく、その見えない腹の底に恐怖感を覚えることもある。

しかし、こういう人はとくに深い魂胆《こんたん》を持っていないことが多い。人が欲しがる部分に大して興味がないのだ。長い目で見ると、そういった欲で動くことが、結果として自分にも、そして周りにもいい結果をもたらさないことを知っているのだ。

逆に、欲で動きやすい男の扱いは簡単だ。その欲をちらつかせれば、すぐに思いどおりになる。そして足元が見えるから、簡単に足をすくうことができる。

しかし、わかりやすい欲で動かない「男」は、足のすくいようがない。だから、表面的には損をしているように見えるが、結果、いい目を見るのは後者の男だ。

そんな「男」は、ある意味、普通の男より遠くが見えているのだ。そしてある意味、最後に得ではなく、もっと大きな「徳」を拾う、賢い人間なのかもしれない。ただ、こんな「男」が一度、人のために動くと決めたら、これはもう止めることができない。自分の「義」だけは絶対に曲げないし、その「義」のためなら、少々自分がつらい思いをすることがわかっていたとしても、腹を据えて平気で捨て身になる。

自分を守ろうとしない「男」。覚悟のある「男」はとにかく相手からすると厄介《やっかい》だ。

自分を守ることにきゅうきゅうとしているなら対処のしようもあるが、自分を捨てて事にあたってくる「男」には手の打ちようがない。

オーバーな話と思うかもしれないが、これは実際に社会で、そして人間関係の中で、いくらでもある話だ。自分を盾にしても部下を守ろうとする「男」、損とわかっていても、すすんで損の道に飛び込むことができる「男」。そしてこんなタイプは学生でもいる。クラスのほとんどが無視しているいじめられっ子に平気で話しかけ、大切にする「男」。

こういう「男」は、欲を中心に動く男からしたら理解ができない。そして自分を犠牲にしてかっこをつけるバカな男だと笑われる。しかし、実際は犠牲になっているわけではない。自分の中で一番大切にしている「義」、そして誇りを守っているのだ。

もちろん、そうやって動いているときに、いちいち「義」や「誇り」などと考え続けているわけではない。自分の中ではっきりと言葉にできなかったとしても、「大切な何か」の存在を感じている。そして自分の心の命じるままに素直に動いているだけなのだ。

こんな「男」には何とも言えない涼やかさがある。

「ありがとう」と言ってもらえなくても、いちいち気にしない。それどころか時間がたてば、そんなことすら忘れ去ってしまう。

こう話すと、「そんな人はいないよ。みんな自分のために動いているんだよ。人間なんてそんなもんだよ」という人がいる。

それはその人の器ではそうとしか見えないだけだ。実際に人のために捨て身になることができる、そんな腹の据わったいい「男」は存在する。

「燕雀《えんじゃく》いずくんぞ、鴻鵠《こうこく》の志を知らんや」

ツバメやスズメのような小さな鳥は、空高く舞うオオトリやクグイの志はわからない。このことわざが表すように、小人物には大人物の大きな志はわからないのだ。

僕もまだオオトリではないが、いつかはこの人たちの見る景色が見てみたい。いまはまだ小さくとも、男ならこんな大きな人物を目指していきたいものだ。

第2章

必ず大きくなる男の条件

いまをしっかりと生きているか？

さて、ここからは具体的な「男」の条件に入っていこうと思う。

「いつか何かをやりたいんです」と言う若い人は多い。厳しいようだが、その「いつか」が来る可能性は低い。なぜか？　理由は2つある。

1つめは、自分のやりたいことが何なのかがわかっていないこと、そしてもう1つは、往々にして、「いつか何かをやる」という裏側には、「いまが不満」という要素が入っているということだ。もちろん将来何かをやる人は当然いる。しかし、そういう男は、大概《たいがい》、いまやるべきことに集中しているから、「いま一生懸命で、先のことを考える余裕がない」、ひっくり返すと、「余裕がないくらい、いまに集中している」ものだ。

「いつか何かをやる」と言う人は、大概いまの環境に満足していないから、いま目の前にあることに集中できていない。

集中できなかったら、いい仕事ができるはずはないし、そんな不満ばかり言っている人を引っ張り上げてくれるほど、世の中は優しくできてはいない。

厳しいことを言うようだが、好きであれ、嫌いであれ、仕事はやってくる。愚痴を言っても変わらないし、それどころか、愚痴や不平不満が、あなたの将来のイメージから、あなた自身をどんどん引き離していくのだ。

「何かがやりたい」その気持ちは大切なことだ。

しかし、本当にやりたいのなら、「いつか」ではなく、「いま」からできることに全力で取り組んでほしい。

とくに仕事というのは不思議なもので、「やりがいがあるからがんばる」ではなく、「がんばった先にやりがいが出てくる」ものなのだ。

転職しても、だいたい結果は同じ。嫌な上司を避けようと転職しても、次にいった先でもっと嫌な上司に出会うことなんてざらにある。どうせ転職するなら、いま目の前にある課題や嫌な上司の上をいく自分をつくるなど、いまある状況をクリアして、次にいったほうがいい。

自分の好きなことを仕事にできる、そんな幸せなことはない。

しかし、社会に出てすぐの頃は、大概の仕事は下働きでそんなに面白くはないものだ。

そんなときも、「いま」をどう考え、どう動くのかで先の人生は変わってくる。

将来やりたいことは、いまやるべきことの先にしかないのだ。

腹の中に1本の刀を持っているか？

講演で県外に行ったときのこと、僕は前日入りして主催の方に、その町で有名な飲食店に連れていってもらった。

そのお店は、最近の飲食店にしてはとにかくスタッフの定着率もよいらしく、一人ひとりは若いが皆、ベテランの風格があった。見たところモチベーションも高く、料理もとてもおいしかった。僕も飲食店を経営しているので、そのバランスの取れたチームの秘密は何だろうと、興味津々《しんしん》で店をずっと観察していた。

僕たちは2人だったので、通されたのはカウンターだった。目の前で元気なお兄さんが魚を下《お》ろしながら、僕たちの隣に座った常連さんらしき人の相手をしていた。

時間がたち、そのお客さんも酔ってきたのか、その目の前で働いている彼に絡《から》み始めた。その本人に、「君はここが悪い」とか「ここが気に入らない」と文句を言い始めたのだ。

しかし、さすがはベテラン。彼はニコニコしながら顔色も変えずに、そのお客さんの言うことを半ば聞き流しながら作業をしていた。しかし、どんどんその絡みはエスカレートしていくので、そのお客さんがトイレに立ったときに、「大丈夫？　大変だね」と声をかけてみると、「大丈夫ですよ。お客さん、ごめんなさいね」と満面の笑みが返ってきた。僕は彼の安定性に感動した。

そしてまたひととき。そのお客さんは、スタッフたちに文句を言い出したり、最後はその店の経営者についてまで文句を言い始めた。いくら酔っぱらっているとはいえ、正直その内容も言い方もひどかった。

「お客さん、もうそこらへんにしてもらえますか？」と彼が言っても、まったく止まらない。だんだん彼の笑顔は消え、しばらくは黙って聞いていたが、一息ついて、突然彼が「お願いします。カウンター3番さん（酔っぱらいのこと）お帰りです」と声をかけた。酔っぱらいも面食《めんく》らっている。そして彼は真顔でそのお客さんに言った。

「すみません。僕のことなら笑えますけど、スタッフや大将のことはレッドカードです。このままだと周りのお客さんにもご迷惑をおかけするかもしれないのでお帰りいただきます。ありがとうございました」

ニコニコバイバイ。一瞬で勝負ありだった。僕たちがびっくりしていると、こんどは彼が、僕たちとその帰ったお客さんを挟んだ逆側に座っていた人たちに、何も言わずに「カウンター2番さん、4番さんドリンク同じの追加で」と僕たちの席のオーダーを通してこう言った。

「みっともないところ見せてすみません。これ、僕からのおごりなんで飲んでください」

と言って、引き続き何もなかったように作業を続けた。僕は彼の一連の行動に思わず拍手。いい「男」を見ることができて、とてもいい酒になった。

こういう状況は、酒を出す店では当然起こり得ることだ。なんと言われようとも、笑って我慢するのが普通のセオリーかもしれない。でも、僕はこの店の強さは、彼のような、仲間やお客さんを守りたいという、しっかりとした意志を持ったスタッフたちがいることに他ならないと思った。彼のような「男」を雇っているその店の大将に会ってみたいと思ったが、残念ながら、それは叶わなかった。


みんな仲良くするのが一番いいこと。ケンカはよくない。それは当たり前のことだ。

しかし、社会の人間関係や日常生活の中でも、こうしたケースは残念ながら少なくない。バカみたいに辺《あた》り構わずケンカするのも考えものだが、自分の大切な人のことをバカにされたり、もしくは危害を加えられたりしそうになってまでも、ヘラヘラする必要もない。

どんな場合においても、しっかりと言うべきときは言う。でないと、攻撃するクセのある人はどこまでもつけ込んでくる。

いじめでもそうだ。反撃してこないとわかっているから、いじめているのだ。

「こいつは面倒だな」と思わせるくらいの気概《きがい》を持っていないと、残念ながら、いつまでも攻撃は止まらない。人をなめるのはいけないが、なめられてもいけないのだ。

そしてこのスタンスも、「大切な人を守る」ということに他ならない。彼のおかげで、そこに気づかせてもらうことができた。

またいつか、彼と会うことがあったら、そのときはぜひ一緒に酒を飲んでみたいと思った。まだ日本には「男」がいることを知ることができた、いい夜だった。

逃げた自分から逃げない

先日、この本の取材のため、ある若者と酒を飲んでいたときに、彼からこんな体験談を聞いた。

彼が仕事を終えて帰宅し、風呂に入って寝ようとしたときのことだ。時間は夜中の2時くらい。もうすでに近所の電気は消えている。

そんなとき、彼が住むマンションの下で、酔っぱらった若者が大騒ぎを始めたらしい。彼は一時すればその声もやむだろうと思っていたのだが、どうやらその場からは離れる様子はない。うるさくて眠れない。おそらく近隣の人もそうだったろう。自分が眠れなかったこともあったが、完全に近所迷惑なのはわかっている。彼は、降りていって、その騒いでいる人たちに、注意しようかどうかを考え始めたということだった。

そのときにいろんなことを彼は想像した。

「注意しに行って絡まれたらどうしよう」

「でもなー、言うべきことは言わなきゃ。それが『男』だよな」

と考えてマンションのドアのところで行ったり来たりしていた。結論が出ないまま考え込んでいたら、誰かが注意したのか、その若者たちは文句を言いながら立ち去っていったそうだ。

「そっか、よかったな」と僕が彼に言うと、彼は、「いやー、そのあと眠れなくなっちゃったんですよ」と言った。

「なぜ一歩が踏み出せなかったのか?」「自分が格闘技でもしていて腕に自信があれば勇気が出せたのに……。なぜこんなに弱いんだ」と自分を責めたらしい。

そんな感情に襲われて、自分の在り方を考えたということだった。そんなときは警察に言えばなんとかしてくれるかもしれない。もちろんそれが一番いい方法かもしれない。

しかし、そこで眠れなくなった彼のことを、僕はいい男だなと思った。

一歩が踏み出せなかったことは、彼なりの捉《とら》え方で言うと、「そのとき逃げてしまった」状態なのかもしれないが、「思わず逃げてしまった」自分から、彼は逃げなかったのだ。

勇敢《ゆうかん》な正義の味方のような自分を想像しても、現実は物語のように筋書きどおりにはいかない。一歩が出ないことだって当然ある。そんなときに自分の弱さや迷いをまっすぐに受けとめることができる男は必ず成長する。

できる男は人のせいにしない

僕の先輩で国会議員に当選した人がいる。先輩とは古いつき合いで、政治家になる前からいろんなことを語ることができる間柄だった。その先輩はいつも日本の未来について語る人だった。

当選したいまも以前と変わらず、時間のあるときは地元に戻って、朝、交差点に立って、道行く人に大切なことを呼びかけている。あまりの激務に「からだは大丈夫だろうか」と心配になるくらいだ。しかし、その人の中にある、「国を守る」という使命感はひしひしと伝わってくる。

先輩が当選してからというもの、いささかではあるが政治に興味が持てるようになり、不思議な疑問が頭をよぎるようになった。それは、「政治批判」という言葉は日々目にするが、

「政治肯定」という言葉がまったく存在しないということだ。

政治家が悪いことをするのはいけないことだ。たしかに、これはしっかりと見ておかなければいけない。しかし、いい部分に光を当てたり、応援したりするという姿勢がもう少しあってもいいんじゃないか？

この話を先輩にしたら、「ははは、批判されるのも政治家の仕事だよ」と笑っていた。

「政治家＝権力の象徴＝悪い人」のような図式ができ上がっているが、これだけマスコミや世間の目にさらされるいまの世の中で、政治を志すというのは、権力や名声のためだけではやっていけるものではない。

これは、教職員でも言えることではないだろうか？

いまは政治家や教師という仕事は、昔ほど敬意を払われる仕事ではなくなってきている。マスコミのジャッジ、モンスターペアレンツの出現。どちらかというと、精神的激務だ。尊敬されるだけなら、もっと楽な仕事はたくさんある。

いまの時代にそういった仕事に就《つ》くには、よほどの志がいる。そういう人たちに対して、世の中があまりにも批判的すぎるように思えて仕方ない。

ここで考えてみてほしい。

他人のせい、世の中のせいにして何かがうまくいくのだろうか？

それだったら自分の足りない点を見つめ直して努力したほうがよほど人は成長する。

人の失敗した姿を見て批判することは簡単だが、「もし自分があの人の立場だったら？」と考えてみると、あんまり偉そうなことは言えなくなる。

人のせいにすれば気は楽になるが、その楽と引き換えに成長を失ってしまう。そう考えると、自分自身と向き合うことが、一番勇気がいることなのかもしれない。

起きたことを自分の責任と捉えることができるか？

僕に「男」を教えてくれた先輩たちは「勉強しろ」と言うタイプではなかったが、ある意味とても厳しい人たちだった。

僕はよく悪いことをして怒られるタイプのガキだったのだが、先輩たちから一番怒られたのはこれだ。

それは、人のせいにして人を批判すること。

世の中には2種類の男がいる。一言でいうと、成長する男と、成長しない男だ。

誰もがいまの自分より一歩成長したい、そう思うのは当然のことだ。

伸びる男と伸びない男、この違いについて考えてみたいと思う。

会うたびに成長している男がたまにいる。逆にまったく進歩の見えない男もいる。

成長する男にはいくつかの特徴があるが、共通点の中で代表的なものを1つ挙げたい。

それは心の指だ。

「なんだそりゃ?」と思われる人もいると思うので説明しておこう。

人間は誰も心の中に指を持っている。自分の心が向かうベクトルのことだ。

何かが起きたとき、とくに失敗したときやうまくいかないとき、うまくいかない理由をどこに向けるかで、その後の人生は大きく変わる。

いつも人のせいにしている人がいる。これは言わずもがな、自分の甘えから生まれるものだ。周りの人は自分のために存在するわけではない。それぞれが忙しいし、個々それぞれの考え方がある。相手に求めてばかりいると、結果的に自分の思いどおりに動いてくれない相手を恨《うら》むようになる。うまくいかない人が必ず心の指を向ける方向がある。それは他人や世の中だ。

「あの人が悪い」

「自分は何も悪くない」

「うまくいかなかったのは環境のせいだ」

「時代が悪いから何をやってもうまくいかない」

成長しない男は常によそに指が向いている。

逆に、うまくいったときは心の指が自分に向き、「俺がしてやった」と上から目線になるし、「あいつには感謝の心がない」と人を批判する。自分と向き合うことをしないから、当然進歩がない。

一方、成長する男、伸びる男は常に心の指が自分に向いている。

「自分の何が間違っていたのかな?」

「足りなかったところはどこだろう？」

「次はもうちょっとここに気をつけていこう」

人のせいにせず、自分に指を向ける勇気を持っている。

だから成長する。

人は誰も失敗したとき、自分の中で言い訳をつくろおうとする。そのほうが楽だからだ。

しかし、その言い訳をしているかぎりは、いつまでたっても前に進むことはない。

心の指が向かう方向。これは習慣だ。日頃からここを常に意識していれば、その指は自分のほうを向くようになる。つまり自分を省《かえり》みることができるようになるのだ。

このクセを身につけていくうちに、「起こったことの責任はすべて己にある」と考えられるようになる。

こう思えるようになると、男には芯《しん》ができる。

たとえば人を指導するときでも、「なんで言ったとおりにやらないんだ」が「ちゃんとできるようになるには、どう伝えたらいいかな？」と少しは思えるし、「こいつはあんな悪いことをしてダメなやつだ」が「俺がもし、あの人の立場だったらどう動いただろう？」に変わる。

まあ、そう思えない瞬間も多々あるが、いくらかは自分を省みることができる。

人を見てあれこれ言うのは、できるかぎりやめたほうがいい。心の指はいいことがあったときに人に向けて、うまくいかないときに自分に向ける努力をする。そして自分と向き合って、起きたことを次への糧にするのだ。

勇気を出して自分に指を向けることができたとき、男は強くなる。そして必ず成長する。

できるかぎり依存せずに生きてみる

あなたは朝起きると、まず何をするだろうか？

最近気がついたことだが、僕自身、一番初めにやることが、携帯電話のチェックになっていた。

夜中、目を覚ますと無意識にケータイを見ている自分にぞっとすることがある。「こりゃいかんな」と思い、ケータイを持たない日をつくることにした。

すると、1日中何かが欠けたような気になり、落ち着かなかった。そして翌日、ケータイを見て、フェイスブックやラインのメッセージや着信の数の多さにびっくりした。慌てですぐに返信したが、正直、自分がこれだけ携帯ツールに頼っているのかと愕然《がくぜん》とした。

しかし、よく考えると20年前はケータイがなくても元気に生きていた。なんか野性味をなくしたような気がして、それ以来、意識的に1日オフの日をときどきつくっている。

依存というと、いまの時代一番に挙げられるのが携帯電話やSNSかもしれない。

21世紀に入り、ネット環境の発達で、いまやこれらのツールは欠かせないものになった。本当に便利だ。この存在によって、人類のコミュニケーションは大きく進歩したと言っても過言ではない。

しかし、物事はすべて表があれば、裏もある。光があれば、その逆には必ず陰ができる。便利さの裏にあるもの、それは依存だ。先ほども書いたが、何かに依存すればするほど人は弱くなる。

簡単にやり取りができるようになると、わざわざ会いに行って、面と向かったコミュニケーションをとることも減る。すると、どうしても人間関係が希薄《きはく》になる。当然のことだ。人間関係が希薄になるだけでない。ケータイが奪った、とても大きなものがある。それは行動力だ。

アラフォー以上の世代にはわかりやすいかもしれないが、たとえば中学生の頃、好きな人に電話したときのことを思い出してほしい。大概、本人が受話器を取ることはなく、まず電話に出るのは、好きな相手の母親、不運だと父親であることが多かったはず。これはいま思い返しても、とても大きなハードルだ。

ここを越えなければ相手とはつながれない。あの頃はケータイなど夢のまた夢のツールだったから、これが当然の図式だ。

しかし、だからこそ、「どんなお願いの仕方をしよう？」「声のトーンは？」と無意識に考えることになる。そしてチャレンジして失敗したときは、もう一度、方法を考えてトライする。

不便ではあったが、それで行動力が磨かれたのだ。

いまは告白はメールかラインでするらしい。一昔前はラブレター、もしくは正面からの告白だった。当然だが、頭の使い方が違う。そしてダメだったときのダメージも違う。しかし、行くしかない。だから強くなる。

これは男女関係の話だけではない。いま、社員の離職率が高くなっている。辞められては困るから、企業も新人への接し方がどんどん丁寧になる。すると、新人が会社に依存したり、なめたりする。こうしてさらにマイナスのスパイラルに陥《おちい》ってしまう。

当然こんな会社ではいい「人財」は育たない。

果物は、厳しい環境の中で育ってきたものほどいい味を出す。人間も同じだ。

厳しい環境の中で、がんじがらめになり、そこで「いかに、この状況をよくしようか」と考えるからこそ、男は行動力を身につけていくのだ。

もちろん仕事がケータイでやり取りされるいまの世の中で、1日ケータイを持たないというのは難しいかもしれないが、休みのときくらい、たまにはケータイから離れてみるのも依存から抜け出せる一つの方法かもしれない。

郵便はがき

162-0816

恐れ入ります
切手を
お貼りください

東京都新宿区白銀町１番１３号

きずな出版 編集部 行

フリガナ

お名前　　　　男性／女性
未婚／既婚

(〒　　　-　　　)
ご住所

ご職業

年齢　10代　20代　30代　40代　50代　60代　70代～

E-mail

※きずな出版からのお知らせをご希望の方は是非ご記入ください。

愛読者カード

ご購読ありがとうございます。今後の出版企画の参考とさせていただきますので、アンケートにご協力をお願いいたします（きずな出版サイトでも受付中です）。

[1] ご購入いただいた本のタイトル

[2] この本をどこでお知りになりましたか？
1. 書店の店頭　2. 紹介記事（媒体名：　　　　　　　　　　）
3. 広告（新聞／雑誌／インターネット：媒体名　　　　　　　　　　）
4. 友人・知人からの勧め　5.その他（　　　　　　　　　　）

[3] どちらの書店でお買い求めいただきましたか？

[4] ご購入いただいた動機をお聞かせください。
1. 著者が好きだから　2. タイトルに惹かれたから
3. 装丁がよかったから　4. 興味のある内容だから
5. 友人・知人に勧められたから
6. 広告を見て気になったから
（新聞／雑誌／インターネット：媒体名　　　　　　　　　　）

[5] 最近、読んでおもしろかった本をお聞かせください。

[6] 今後、読んでみたい本の著者やテーマがあればお聞かせください。

[7] 本書をお読みになったご意見、ご感想をお聞かせください。
（お寄せいただいたご感想は、新聞広告や紹介記事等で使わせていただく場合がございます）

ご協力ありがとうございました。

きずな出版　URL http://www.kizuna-pub.jp　E-mail 39@kizuna-pub.jp

自分からアクションを起こす

「自由」。ひびきのいい言葉だ。何の制約もなく人生を送れたらどんなに楽だろう。しかし、ここに落とし穴がある。

何の制約もなく、起きたいときに起き、遊びたいときに遊び、そして気が向いたときだけ仕事をする。欲しいものは手に入り放題。そんな人生を送っている人もごくわずか、たまにはいるが、実際そんな人には、こんどは「退屈」という不自由さが生まれるようだ。こう考えると、どうやら人には少々の制約は必要みたいだ。

そして、この「制約」、言い換えると「不自由」であるからこそ、人は本当の自由を求める。「不自由さ」があるからこそ、そこから解放されようとして、何らかのアクションを起こす力を自分の中から発動させるようになる。

たくさんの若者と話す機会を得て、社会に出てから、何かを求め、自発的に動くタイプの人にある共通点に気がついた。

それは、幼い頃に何らかのかたちで不自由な環境にいた人が多いということだ。

たとえばそれは、親が厳しかったとか、家庭環境が複雑だったとか、家が貧乏だったとか、成績が悪く学校での居心地が悪かったとか、人によって状況はさまざまではあるが、何不自由なく育った人より、少々きつい思いをした人のほうが、やはり社会に出てからの行動力が強い。

女性の心をつかむのがとてもうまく、モテる人がこんな面白いことを言っていた。

「若い頃、学生の頃にモテすぎた男は、社会に出てからモテなくなることが多いよ。歳をとるにつれてモテるようになる男ってのは、大概、若い頃にたくさんの女性を自分から追いかけ、そしてフラれまくったやつだ」

とても興味深かったので、突っ込んで話を聞くと、その人の持論はこんな感じだった。

学生の頃までは、たとえば成績がいいとかスポーツができるとか、容姿がいいというだけで女の子からチヤホヤされる。すると、当然女性に困らないから、自分からアクションを起こす必要がなくなる。若い頃にこの習慣が身につくと、頭を使う訓練ができない。だから行動力を失う。

逆にいつもフラれる男は、「自分の何が悪かったんだ？　どうすればあの子は振り向いてくれるんだ？」とあの手この手を考えるようになる。

その人いわく、男は女性を落とそうとするときに一番、潜在意識も含めてフル回転で自分の能力を発揮するらしい。うん。これはよくわかる。しかし、やっぱりうまくいかないからまた考える。

モテないと何とも不自由だ。しかし、この訓練が男の行動力を磨いてくれる。

そして、このときに身につけた行動力は、女性に対してだけでなく、志を持って仕事や夢を追いかける力にも比例する。

何かが欲しいときは、自分からアクションを起こすしかないと知っている男は強い。すべてにおいて人より早く動くから成功する確率が上がる。

大切な人を守ろうとするときもそうだ。

土壇場はいつも、予告なしに突然やってくる。そのときにすぐにアクションを起こせるかどうかも、訓練が必要だ。だから若い頃は失敗を恐れるのではなく、失敗しても、くじけずに、あの手この手で仕掛けていく行動力を身につけること。これが将来一番の財産になるのだという話だった。

がんじがらめであるからこそ、男は本当の自由を知ることができるのだ。

自分の現在地を知る

全国各地でいろんな講演会が開かれているが、以前よりもそれを知る機会が増えて、講師を仕事にする人も、それと同時に多くなった。

以前は講演といえば、大成功した人がするものと相場は決まっていたが、いまは講師の年齢も若くなってきている。当然、いろんな人の講演会に参加する若者も同時に増えてきている。これはとてもいいことだと思う。しかし、すべてのことに表と裏の両面があるように、マイナス面もある。

それは、講演を聞くことばかりに熱中してしまい、行動をしなくなることだ。セミナーや講演は楽しい。優秀な講師であれば、その場所にずっと留まっていたくなるくらいの感覚に浸ってしまう。

そして何度も何度も同じ講演会にはまり、聞くことだけが目的の精神安定剤のようなものになってしまう。

「起業セミナーに7年通ってます」というように、起業という本来の目的がいつのまにか、起業とは何かを理論的に学ぶことに変わってしまうという、本末転倒なこともありうる。

まあ、起業を人に教える専門家になるというのなら話は別だが。ひどいケースになると、セミナーに通っているだけで自分が偉くなったような気になってしまい、人を見下すようになり、結果的に大切な人をなくしてしまう人もいる。これでは何のための勉強かわからない。大切なのはやはり、聞いたことを自分に置き換えて、行動することだ。

男が成功していくにはいろんな道のりがある。まずあなたが男を目指していく中で、一番初めの大切なことがある。

それは、「自分の現在の立ち位置を知る」ということだ。

億万長者になった男、何らかのかたちで名をなしていく男も、そのストーリーには、みんな始まりがある。それを聞くときに、しっかりと自分の立ち位置を把握《はあく》していないと、すでに自分がその人と同じ立場やゴールに到着してしまったかのような錯覚《さっかく》を起こしてしまうことになる。

これは危険だ。その人がいる場所が、山の頂点だとしよう。あなたはその入り口に立っている。その状況で聞いて本当に役に立つのは、頂点に立ったその人の「いま」、つまり頂点にいる感情ではなく、登り始めのときの気持ち、落とし穴、そして心構えだ。

若い頃、どんな思いで一歩を踏み出したのか、どんなきっかけで成功したのか、泥沼からどうやって立ち上がったのか、くじけそうになったとき、どうやって自分を支えたのか。それを一番のヒントにするのだ。僕も仕事の関係上、講演をしている仲間が全国各地にいるので、聞いてみると、じつは講演のステージに立つ人のほとんどが、若い頃は講演を聞いたことがないケースが多い。

何をしていたのか？

それは、自分のやるべき仕事と現場で向き合って、たくさんの失敗を繰り返していたのだ。うまくいかないことや、思いどおりにならないことをたくさん経験し、そしてその中から一筋の成功パターンを発見し、それを伝えているのだ。

講演を聞くのもいいが、いまのあなたと同じ歳の頃、ステージで話しているその人たちは泥《どろ》にまみれてもがきまくっていたのだという事実、そこに気がついたほうがいい。

講演会に行くことが悪いと言っているのではない。これは行かないより、絶対に行ったほうがためになることが多い。しかし、仕事や人生の場で実践しなければ、結局はあなたのものにはならないし、その人が話していることは、「行動の結果として生まれたもの」だと知ったほうがいいということだ。

ならば答えは簡単。あなたがいまいる立場で、できることを実行すればいい。あなたの成功の道の1歩を踏み出せばいいのだ。体験に勝る師匠はない。そして体験の中で、道に迷ってしまったときは、何らかの問題意識をもち、それを解決するために講演会に足を運ぶ。そしてその中で得たヒントをまた、実際の現場に持ち帰り、そしてすぐ実践、検証をしてみる。

そうすれば、講演会やセミナーで払ったお金の数百倍のものを、あなたは必ず手にすることになる。

成功していく男は本を活用する

成功している男、そしてやがて成功していく男はとにかく忙しい。暇《ひま》をもて余して成功する男はほとんどいない。いろんなものを抱え、同時に処理していきながら、次から次へと人生を展開させていく。そんな男の姿は見ていて惚《ほ》れ惚《ぼ》れするほど美しい。

時間のない中で、男たちは常に学び続けている。そんな男の必需品がある。

それは本だ。成功していく男は、とにかく本を活用する。

そして成功する男の本棚には、必ずといっていいほど、ぼろぼろになるまで読み込んだ座右の書が並んでいる。

本ほど低価格で情報を受け取ることができるものは、そう存在しない。僕は人財育成の手段として、本と講演を柱としているが、どちらかというと、本に重きを置いている。

僕自身が商売を始めたとき、そしてそれがうまくいかなかったとき、現場から離れることができなかったとき、少ない時間の中で、僕にたくさんの学びを与え、心の支えになってくれたのは本だった。

書く立場、話をさせてもらう立場になってわかったことだが、情報量は講演より、本のほうがはるかに上だ。講演をしていても、伝えられることは本の10分の1もない。時間が決まっているからだ。

これはさまざまな考え方があると思うが、一書き手として伝えたい。

自分に合った本、好きな本を手元に置いて、繰り返し読んでほしい。どんな本にせよ、1500円で買った本を10回読めば、1回についての価格は150円。10回読んで実践すれば、そこから生まれる価値は無限大に広がっていく。

本を通して存在するのはあなたと著者だけ。これは客観的に見れば好きな時間にマンツーマンで著者と話しているのと同じことになる。

これを知っている男は、最小限の浪費、最大限の効率をくれる本を必ず持っている。成功する男の鞄《かばん》には、常に本が入っている。

人間を知りたければ歴史書を読め

成功する男は人間に対する洞察力《どうさつりょく》が鋭い。逆にいうと、人間を知らずして本当に成功することなどできない。人が何を考え、何に悩み、そして何を求めているのかを知ることは、男の歩く道の中で必須事項になる。

ではどうやって学べばいいのか？

先ほど本のことを書いたが、その中でも歴史書を読むことは、人間を知るうえで、とても大きな財産になる。

「いいくに（1192）つくろう鎌倉幕府」。

この年号は、いまは1185年が定説になっているらしいが、大切なのは年号を覚えることではない。誰が何をしたのかを知ることではない。まあ、それも必要かもしれないが、一番大切なのは、なぜそんなことが起きたのかを知ることだ。歴史というのは人の足跡だ。いつの時代も人はいろんなことを考え、いろんなものを生み出し、そしていろんな感情を抱えながら生きてきた。そして、いま僕たちが生きている平成の時代も、やがていつかは歴史となる。

人間の中で行動を決める一番大きいもの、それは建前《たてまえ》ではなく、本音の部分、つまり感情だ。

戦争を起こさないほうがいいことは誰だってわかっている。

本当の意味で実力がある人が上に立ち、民を治めていくのがいいこともわかっている。

しかし、そういう正論できれいに割り切れないのが人間だ。僕も祖父の影響で、幼い頃から歴史書が好きだった。一番初めに読んだのは小学校3年の頃に父の友人がプレゼントしてくれた「学研まんが人物日本史」の『坂本龍馬』だった。「もし坂本龍馬が明治維新後も生きていたら、どうなっていたんだろう」。そんなこともよく考えた。

しかし、あの時代は、日本を救った立役者をそのまま生かし、英雄として祭り上げることを許さなかった。これもいろんな感情があるからだ。

ずっと歴史書を読んでいて思うことがある。

それは、「人間の感情のパターンは昔から大して変わっていない」ということだ。でなければ、何千年も前に書かれた孔子の『論語』や、キリストの『聖書』がいまも読まれていることがおかしい。

おそらく人間の悩みは変わっていないし、これからも変わらない。

誰かが成功すれば、足を引っ張ろうとする人が出てくるし、片方が正義の旗を立てれば、逆側にまた正義の旗が立ち、争いが起こる。

なぜそうなるのかを知れば、人間の本性や普遍的な法則やパターンみたいなものが必然的に見えてくるようになる。

それを知ることによって、自分の進み方や生き方が自《おの》ずから決まってくる。

そう考えると、本の存在のおかげで、失敗しても命を取られることのないこの現代に生まれることができているありがたさを感じる。そして本のおかげで、理不尽に殺されてしまった人や、つらい思いをした人たちの歴史を、わずか1000円から2000円で学ぶことができるというのは何とも幸せなことだ。

不易流行《ふえきりゅうこう》という言葉を知っているだろうか？

これは変わらないものを大切にしながら、変わっていく時代を生きるという意味だ。テレビが生まれ、ネットが出現し、世界の情勢はその時代時代によって変わっていく。これが流行。

しかし、人間の感情は変わらない。いつの時代もうれしいと喜び、悲しいと泣く。これは不易。

歴史を知るということは、つまり人間の感情や心理といった部分の本質を知るということなのだ。

もしかすると、本当に成功する男というのは、天然の心理学者のようなものなのかもしれない。マンガでも文字本でもいい。歴史を学び、普遍的に流れる男の生き方をつかんでいただきたい。

人の話を真剣に聞ける男は成功する

「聞き上手で話しやすい男」、これは意外なほどに少ない。このタイプは女性だけでなく、男から見ても共通してポイントが高い。

最近、話術を磨こうとする男は多い。そしてこの話術やコミュニケーションにまつわる本は数多く出版されている。

しかし、僕は「話し方」よりも「聞き方」のほうが大切だと思っている。現に、『聞く力』（阿川佐和子著、文春新書）という本が大ベストセラーになったことは、聞き方で困っている人がいかに多いか、そして聞き方の本の希少性と重要性を何より物語っている。

僕の会社では、10年前から朝礼をしているが、この中で、スピーチがある。始めた頃は「いかに人を引きつける話し方をするか？」をテーマにみんなでがんばったが、どうしてもみんなが、うまくは話せない。

しかし、あるとき僕が知るかぎり、人を引きつけるナンバーワンの大恩人がこんなことを教えてくれた。

「人を引きつけたいんなら、聞き方を磨けばいい」

この一言で、僕たちは方向性を180度変え、うなずきとリアクションの仕方を磨いた。すると、朝礼のスピーチでのスタッフの話がどんどんよくなった。そして、お客さん、その他いろんな人間関係が飛躍《ひやく》的によくなった。

「いかに自分を理解してもらえるのか？」に心を注いだときより、「いかに相手を理解できるのか？」に切り替えたほうが、簡単に、そして絶大に効果は上がった。

いまは「スピーチ」ではなく、「聞き方訓練」と名前が変わった。

これは、講演のワークでも使う。初めての人とペアになって話をするのだが、とくに聞き方に力を入れてもらう。

そのとき、聞いてくれる人がいることが、いかに自分の中にあるものを引っ張りだしてくれるのかに気がつく。

このワークをすると、自分を封じ込めてきた人は、涙を流すこともある。それだけ、話を聞いてくれる人というのは貴重なのだ。

「男って話を聞かない生き物だよね」という女性の声をよく耳にする。

女性に限らず、人は誰も自分をわかってほしい生き物だ。ということは、話を聞いてくれる人を無意識に探している。答えが欲しい場合もあるが、ほとんどはただ聞いてほしいだけ。共感してくれれば、それだけでいいのだ。答えを出さなくていいなんて、なんて簡単なことなのだろう。

とくに女性は毎日、男性の倍以上話すといわれる。その欲求を忘れさせるくらいのトークなど、普通の人にできるはずがない。講演をさせてもらう立場になって感じることだが、話で人を引きつけるというのは並大抵のことではない。何度やっても、とてもその域まで到達できない。

それに、まず相手の話を聞いたほうが、相手がどんな性格で、何を求めているのかを知ることができる。ここがわかれば、ケーキを欲しがっている人に、みそ汁を出すような残念なことは起きない。

よく考えると、これは仕事にも言える。

僕たちは飲食店なので、注文を聞いてから料理をつくる。これは当たり前だ。いきなり自分の話ばかりするのは、注文を聞かずに自分の食べてほしい料理を出すのと同じ。まずは相手が何を求めているのか、どんなことに悩んでいるのかを聞いたほうが100倍効率がいい。

そして、もう1つ、聞くということは、自分のネタのストックも増える。

聞き上手になって初めて人は話し上手になっていくのだ。

結論。話を上手に聞いて相手に安心感を与える男は絶対に人から必要とされる。僕の大恩人が僕たちにくれた、とても深イイ言葉で締めることにする。


「人は自分を笑わせてくれる人より、自分の話を聞いて一緒に笑ってくれる人を好きになり、そしてその人の元に帰る」

自分を客観視できているか？

とくに若い頃はやってしまいがちだが、あまりにも自分のことをＰＲしすぎて、かえって周りの反感を買ってしまう人をよく見かける。

これは飲み会や、初めて人が出会う場所でよくあることだが、たとえば何らかのパーティー。だいたいそういうお祝いごとには主役が存在することが多い。

ここで、主役を忘れて自分自分となってしまうのは気をつけたほうがいい。あくまで、ここではその人を立てることに徹するのだ。

できる人は、こんなところをよく見ている。そんな場所だけでなく、だいたいにおいて、自分の主張が強すぎると、人は離れていく。初めて人と会うときは、できれば自分の会話は２割、多くて３割くらいにとどめておいたほうが安全だ。

あるときこんなことがあった。

友人が講師として話す講演会に招待されたときのことだ。その講演はすばらしく、感動覚めやらぬままに始まった2次会でのことだった。

その講師の周りには、さらに話を聞きたい聴講生がたくさん集まっていろんな質問をしていた。そのすぐ近くで一人の若い男の人が、講師の周りにいる女性をつかまえて、自分の夢や自分の仕事観について熱く語っていた。

女性は講師の話を聞きたくてその場所にいるのだが、そんなことはおかまいなし。その女性はもちろん、周りにいる人も辟易《へきえき》としていた。

お酒も入り、こんどはその女性に、「あなたはもっとこういうふうに生きたほうがいい」と説教を始めてしまった。

すると、一人の女性が、「あんたよくしゃべる男だねー。少しは空気読んだら？　この人はあんたの話を聞きにきたんじゃない！　何様のつもり？」と一喝《いっかつ》。おそらく、そこにいた一同には、彼の心が折れた音がはっきりと聞こえたはずだ。

彼は居心地が悪くなって帰ってしまった。しゃべりすぎる男は、女性との関係においてだけでなく、人間関係全体において損をすることが多い。

こうした空気の読めないしゃべりすぎ、でしゃばりすぎのクセは幼児性の現れだ。相手の人は自分のことを何でも「うんうん」と聞いてくれるお母さんではない。

自分のことを客観視できるかどうか。この自己客観能力は身につけておいて損はない。これは、平たくいえば自分自身を将棋《しょうぎ》の駒《こま》として、上から見るようなものだ。

自分の立ち位置が見えている男は強い。このイメージが高すぎると笑い者になるし、低すぎては埋《う》もれてしまう。あくまでここは正確に知りたいところだ。

この自己客観力に長《た》けた男はフォローもうまい。そして、できる男は誰もが一歩を踏み出しにくい空気の中、平然と一歩前に出て盛り上げる。そして周りが盛り上がると、いつまでもその中にいることなく、すっと姿を消し、端から全体を見る。

いま、自分がどう動くべきなのか、いま自分が出るところなのか、下がるところなのか。この出時、引き時を知ってこそ、男は大人の男になることができる。

聞く力、そして自己を客観視できる力は、男女間だけでなく、人間関係の大きなキーポイントになるようだ。

ブレないということ

最近、「ブレる」という言葉をよく耳にする。自分の軸や信念がなく、右へ行ったり左へ行ったりする様子のことだ。ただ、この言葉には気をつけたほうがいい。たしかにそういう人もいるが、たまに柳の木のようなタイプもいるからだ。

柳の木は柔軟性がある。風が右から吹けば、左になびき、左から吹けば右に流れる。しかし、根っこはしっかりと地に張っている。

信念はよほど言葉にしない限り、目に見えることはない。

たとえば事業や仕事の中で、方向性に限界を感じたときなどは、進路を転換させることだって当然必要だ。すると、「あいつはブレた」と言われる。とくに若い頃にはそんなことは多々ある。周りから見てブレブレでも、自分の中にある信念がしっかりしたものであったら、そんなに大して気にすることはない。変にガチガチになるよりも、柔軟性があったほうがいい。

大切なのは表面ではなく芯の部分だ。芯がしっかりしていれば、男はやがて結果を出す。最近になって昔の友人たちの噂を耳にすることが増えた。もちろん、いい噂だ。

その中でも、とくに印象的なことがあった。仕事の場で出会った営業マンの中に、とても素敵な人がいた。さぞかし、立派な経営者の指導を受けているのだろうと、よくよく聞いてみると、なんと、その社長は、僕の大学時代の友人だった。そして、彼の活躍は、その営業マンと出会う前から、ちらほら耳にしていた。

彼は大学の頃から行動的で、「俺は22歳で起業して、世の中の役に立つ」と豪語していた。自分の夢に対しての信念がとても強く、独特のカリスマ性を持っていて、いつも周りに仲間が集まっていた。若かったが、自分の考えをしっかりと持ち、常に本を読んでいた。読書の重要性を僕に教えてくれたのも、そういえば彼だった。

20歳の頃、「やりたいことがある」と大学を退学してからは、彼とは音信不通になったが、仲間内で酒を飲むときに、必ず彼の話題が出る。その場にいなくても、しっかりとそこにいる存在感のある男だった。

その営業マンに「どんな社長なの？」と聞くと、営業マンが語る彼の言動は、笑えるくらい昔と変わっていなかった。

社員たちの前で人生を説いている彼の姿が容易に想像できた。そういう話を聞くと、「あいつらしいな。あいかわらずだな」と笑える。そして、不思議なうれしさがわき上がってきた。やっていることや、立場は変わったとしても、行動法則は変わらない。やっぱり彼はいい男だった。

本当の意味で、ブレない「男」というのは、何か起きたとき、進み方に一貫性を持っているのだ。

彼は東京、僕は現在福岡。結果的には、その営業マンと仕事をすることにはならず、その場限りの出会いではあったが、不思議な縁を感じた。そして、そのとき僕は、その営業マンに、社長と同じ大学だったと言うのはやめた。

彼はもっともっと大きくなって、またいい噂が耳に入ってくるだろうと思ったからだ。そのときを楽しみに待っていたい。

負けたときにどう振る舞うか？

僕たち男の中には、狩りをしていた古《いにしえ》の時代から備わっている競争本能がある。どうしても他人に負けたくない、勝ちたいという思いがある。

しかし、どれだけ負け惜しみを言ったとしても、負けたくなくても、残念ながら負けるときは負ける。大切なのはしっかりと負けを受けとめ、そこからどう行動するかということだ。

たとえば、同業のお店に勉強と偵察をかねて食事に行ったとする。学びにいくくらいだから、当然格上の店ということになる。ここで相手のいいところをしっかりと学べればいいのだが、自分が負けている悔しさのあまり、相手のあら探しをしてしまうことがある。これではいつまでたっても相手には勝てない。

男の生き方でも同じことが言える。

競争相手といえば、だいたい同年代になる。たとえば職場の同期や自分に近いポジションにいる人間が、突然出世すると、胸中《きょうちゅう》穏やかではなくなる。

他にも同年代ではなかったとしても、とくに自分がうまくいっていないときに、人が輝いている姿を見ると、どうしても嫉妬してしまうこともある。心の中でそれが起こる分にはいい。誰だって神様じゃない。当然の感情だ。

しかし、これを人に向けて負け惜しみを言ったり、成功している人の足を引っ張ろうとしてしまうと、周りから見て、その男は終わる。底が知れてしまうのだ。これはもったいない。せめて自分の中で収めたい。

負けるとふてくされそうになる。負けた相手から学ぶのも器がいる。しかし、その事実をしっかりと受けとめることができると、相手のいいところを吸収して、前に進み始める。だからいまはいくら負けていたとしても、相手を批判したり、ふてくされたりしちゃダメだ。それをやると、本当の負けになってしまう。

歯を食いしばっても、笑顔で相手をほめることができる男は潔《いさぎよ》く、そして美しい。これができると男の器は大きくなる。

相手を蹴落《けお》とすことに頭を使うくらいなら、ここからいかに自分自身を磨いていくのかを考えたほうがいい。

負け惜しみを自分の中にしまって、その悔しさを原動力に変えることができる男は必ず勝ち残る。

人生は勝つときばかりではない。ひょっとしたら、自分の情けなさに腹が立ったり、涙を流すことだってあるかもしれない。しかし、腐るか、肥やしにするか。ここが勝負だ。

どんなに時代が変わっても、男にはやっぱり気合いとか根性は大切だ。

いくら状況が悪かろうが我慢する。

そしてその我慢のあとに、必ず勝ちがやってくる。

第3章

いい男との出会いが人生を変える

「兄貴の時代」が始まった

ここからはさらに「男」の輪郭について、具体的に書いていこう。「男」の在り方を真剣に考えたとき、手っ取り早くそれを見つける一番いい方法がある。

それは「自分のなりたい姿」に一番近い人を探す、つまり、モデルを探すということだ。

それは映画や歴史書から探すのもとてもいいことではあるが、やはり一番いいのは、いま、現実に生きている自分の手の届きそうな人だ。その人の生き方、在り方、そして考え方を実際に目にするのが一番いい勉強になる。

一昔前は、どちらかというと、学校の先生に憧れる若者が多かったというが、いまは学級崩壊やいろんな問題で、なかなか先生から影響を受けたという話は聞きにくい世の中になった。

そしていまの20代、30代の若者が憧れる対象は、父親ほど歳の離れた人というより、自分により歳の近い先輩たちのほうが増えてきている。

これは「兄貴の時代」がやってきたということに他ならない。

僕は講演会などでその世代の若者たちと話をする機会が多いが、「モデルとする人はいる？」と聞くと、だいたいが自分の年齢より10歳くらい上の人たちを挙げる人が多いのに驚く。歳の遠く離れた偉人よりも、手の届きそうな存在のほうが人気がある。

出版業界でも同じことが起きている。偉人伝が以前より売れなくなっているらしい。

若い人に偉人伝を読まない理由を聞くと「すごいかもしれないけど、それはその人だからできたことでしょ」という答えが返ってくる。それがいいことか悪いことかは別として、若い人が現実的になってきているのかもしれない。

すべてではないが、理由の1つとして、若いときに何に影響を受けて育ったかが大きい。

団塊《だんかい》の世代、バブル世代、ロストジェネレーション、ゆとり世代といろいろ分けられるが、どの世代においても、マンガの影響は大きいはずだ。たとえばいまの50代から上は『巨人の星』、45歳から下の10年は少年ジャンプの『SLAM DUNK』や『DRAGON BALL』、そして、そこから下は『ONE PEACE』など。

この作品たちの流れの中で大きく違うのが、上下関係だ。『巨人の星』は師匠《ししょう》と弟子《でし》、『DRAGON BALL』は、師匠はいるが仲間重視にシフトし、『ONE PEACE』は憧れの人が少々で、完全に仲間論となる。これは上下間の関係性が変化していることを示すものに他ならない。しかし、いくら『ONE PEACE』が仲間中心論だからと言って、シャンクスという「憧れの兄貴」の存在は決して軽く描かれてはいない。逆に大きな影響力と存在感を持っている。

自分ごとではあるが、最近たくさんの若い人から「しげ兄《にい》」と呼んでいただけるようになった。本当の兄貴のように慕《した》ってくれる人がいるのは励《はげ》みになるし、本当にありがたい。しかし、これは自分でつくったスタイルではなく、最初は完全に物まねから始まった。そして、その人たちが僕にしてくれたことを、できるかぎり下の世代に返していこうという思いで後輩に接していったら、自然と若い人が増えた、そんな感じだ。

僕は昔から出会い運だけはめちゃくちゃよかった。

その中でも、僕の人生にとてつもない影響を与えてくれた男たちがいる。かつてのエピソードを交えながら、その教えを紹介させていただこうと思う。

大切な人を守りたいなら、自分が強くなれ

僕は大分県中津市という、人口約8万人の市内にある新博多町という商店街で、商家の4代目として生まれ育った。

中津市というと最近のイメージにあるのが、「中津のからあげ」「福沢諭吉」、そして大河ドラマの「軍師官兵衛」、黒田官兵衛が築城した中津城。その中津城の城下町に約580年ずっと続いている「中津祇園《ぎおん》」という祭りがある。

幸運なことに、僕の生まれた新博多町もその中津祇園の参加町内だった。そのため、生

まれた頃から祭り囃子《ばやし》を聞き、自動的な流れで祭りのお囃子隊に入った。

その祇園祭りというのは、とにかくおじいちゃんから子どもまでが、年に1回のその祭りのために、年がら年中熱く語り、そしてその数日間のために仕事を辞めて都会から帰ってきたり、その祭りのために、地元で商売を始めたりと、何とも不思議な常識と魅力を持ったものだ。

僕も例にもれず、その環境の中で、それが当たり前と思って育った。

長男として生まれた僕には、当然だが兄貴という存在が生まれながらにいない。人生で初めての「兄貴」と呼べる存在、「柳《やなぎ》さん」との出会いは、その祭りだった。

中津という町は城下町と、漁師町の混ざり合った海沿いの町だ。そのせいかはわからないが、気性が荒い。祭りになると、皆、血がたぎり、なぜか毎年ケンカが起きる。最近はだいぶ減ったが。僕が中学生の頃だった。先輩の影響もあって、僕たちもみんな何も考えずに、「祭りだ。ケンカだ」と粋《いき》がり始めるようになっていた。

しかし、祭りは同級生だけのものではない。年上もいれば、そのエリアでのガキ大将たちもうようよ集まってくる。同じ町内でも気の荒い先輩はたくさんいた。当然怖い。そんな中、柳さんはひときわ輝いていた。

他町のケンカ、町内での諍《いさか》い、すべてにおいてその人が出て行けば、全部収まる。どんなに不利な状況になっても、僕たちに火の粉が飛んでこないようにしてくれた。

「大丈夫だ、俺が守ってやる」

僕たちの前に立って相手を止める、そんな背中にしびれてしまったことは、1度や2度ではない。まるで暴走族のような話だが、本当のことなので、遠慮なく書かせていただく。

「何があっても自分の大切な町や、後輩たちを守る」

言葉には出さないが、その行動に憧れ、柳さんの周りには、先輩後輩関係なく、いつもたくさんの人が集まっていた。柳さんも気が荒いので、祭りの巡行で失敗があると、怒れることや殴《なぐ》られることも多々あった。でも、柳さんを嫌いになることは1度もなかった。

高校生になり、いよいよ僕も親の言うことを聞かなくなる時期が来た。家出もしばしば、そんなとき、「うちに来い」と拾ってくれたのも柳さんだった。17歳、18歳、そして20代の前半、僕が上京したときも、「ただいまー」と帰省するのは柳邸だった。多感な時期というか、その頃はとにかく僕も荒れていた。世の中が汚いものであふれ返っているようにしか見えなかった。

仲間同士の諍いや、東京でのバイトで納得がいかないこと、甘ったれの僕は、当然のように、人並みに社会の洗礼を受け始めていたのだ。そんなとき、柳さんがいつも僕に言ってくれていた言葉がある。

「そりゃ、嫌なこともあるよ。そんなの日常だ。でもな、ここで『世の中こんなものだ』ってふてくされると、それでおまえの成長は終わっちゃうぞ。悔しいことや悲しいことで腐《くさ》るか、逆にそれを肥《こ》やしにするか。それで『男』の生き方は大きく変わるな。茂久、がんばれ」

柳さんの言葉はいまも、つらいときに僕の心の支えになってくれている。いつも愚痴や人の悪口を言わずに、どちらかというと無口にやることをやり、そして守るものを守っているその人からの言葉は重かった。

このあと書くが、僕は幼い頃から、本来そんなに気が強いほうのタイプではなかった。ガキ大将、その周りにいる人たち、その中にも入れず、遠くからそんな人たちを見ていたほうだった。でも一応男だから、当然守りたいものや、守りたい人がいる。

あるとき、僕の大切な人が、僕の目の前でひどいことをされ、それを止めることも守ることもできなかったことがあった。

その話を柳さんに聞いてもらったときのことだった。泣いている僕に柳さんが言ってくれた言葉がある。この言葉は、その後の僕の人生を支えてくれている大きな柱となった。

「シゲ、悔しいか？」

「……うん」

「悔しいな。でもな、大切な人を守りたいなら、まずはおまえが強くなれ」

本当の優しさとは何か？

「優しい人が好き」

女性からこの言葉をよく聞く。では優しさとは何なのだろうか？　どんな人が具体的に優しい人なのだろうか？

誰の心の中にも「優しさ」というものは存在する。しかし、この言葉は漠然《ばくぜん》としていて、説明がつきにくい。それでも、人としても男としても、その「優しさ」が大切なことくらいは誰だってわかる。ということで、この言葉の本当の意味を考えてみたい。

たとえば、あなたに結婚間近の大切な恋人がいるとする。男はその人に惚れているうちは、当然その人が寂しくないように毎日メールしたり、プレゼントを渡したりする。それはいい。しかし、結婚後の生活という長丁場になってくると、いろんなことが関わってくる。子どもの誕生や、相手の両親との関係、そして何よりも、結婚した相手との生活。きれいなことばかりではない。家に帰れば、奥さんの話を聞いたり、日曜日は子どもと遊んだり、でも仲間との飲みの約束がバッティングしたり。とにかく男は大変だ。まあ、これは男女ともお互い様かもしれないが。

その中で、目を背《そむ》けることができない現実、それは金銭的なものだ。

いくら惚れ合って結婚しても、男が1円も稼げなければ、当然のように生活はきしんでいく。現実的にお金は大切なものだ。

人にはいろんなパターンがあるから、ここでもう一例挙げてみよう。

あなたが現在、中間管理職だったとしよう。いい上司に恵まれるというのはとても幸運なことだが、そうでない場合も残念ながらある。意地の悪い上司や、部下の気持ちをまったく考えない上司だって当然いる。あなたは部下に助けを求められて板挟みになることだってあるだろう。

ではどうするのか？

答えは簡単。家族のために、あなたがしっかりとお金を稼げるようになることだ。部下を守るために、あなたが1つでも上に出世することだ。

もちろん、地位やお金がすべてではない。あたたかい言葉や、励ましだって当然必要だ。しかし、生きていくうえで僕たちは社会のしくみの中から飛び出すことはできない。

精神面、ソフト面のことだけでは人を守っていくには限界がある。

本当の優しさを支えるもの、本当の優しさの裏側にあるもの、それは強さだ。

本当に優しい人は強くなろうとする。

そして強くなるからこそ人に優しくできるようになるのだ。

本当の強さとは何か？

強さについて、もうちょっと考えてみよう。

若い頃、幼い頃というのは、問答無用のガキ大将や、非の打ちどころのない生徒会長のようなリーダー格の存在が、だいたいどこの学校にも1人や2人はいるものだ。当然、誰もがそうなれるわけではない。彼らの持つもの、それは影響力というかたちで表現できる。

その人の一声で全体が「そうなのかも」と思い込む。それも1つの力だ。

しかし残念ながら、まだ未成熟の頃は理論理屈や、理性的なことよりも、誰かの感情が他を抑えてしまうことがしばしばだ。

誰だって逆らって殴られたり、仲間はずれにされたりするのは嫌だからだ。「できれば事なかれ主義でいきたい」というのが、人間の自然の感情だろう。

しかし、逆にそこに屈しない人もごくわずかだがいる。殴られようが、仲間はずれにされようが、自分の信念を持って迎合せずに自分の道を歩くタイプだ。これも1つの精神力だ。しかし、ここで考えてみてほしい。社会に出たからといって、この構図は変わるのだろうか？

自分の意見を主張して、上司ににらまれてしまう人、何かの会で、ボスにとって気に食わないというだけの理由で外されてしまう人。他にもいろいろあるが、その図式は子どもの頃と、そう大きくは変わらないのではないだろうか？

世の中はせちがらいものだが、そこが言いたいわけではない。理性だけできちっと割り切れない矛盾を抱えた僕たち一人ひとりが、その中で「自分はいかに生きるか？」という問いに対しての答えを考えることが大切なのだ。

さて、ここで現実的な力を「いい」「悪い」は別として挙げてみたい。

先ほども書いたように、幼い頃は腕力《わんりょく》も力。学力や、運動能力も力だろう。社会に出れば、コミュニケーション力、人間関係力、仕事での調整力、統率力、時代を読み、事業をいい方向にもっていく先見力、進歩的なものを生み出す技術力、お金を稼ぐ力、地位から生まれる権力、言うべきことはしっかりと言う勇気の力、人の立場を考える思いやりの力など、おそらくここに書ききれないほどの力が存在する。

繰り返しになるが、地位やお金がすべてではない。しかし、そこがまったくなかったら、どれだけ大切な人を守ろうとしても、守れずに悔しい思いをしてしまう。ある人がこんな言葉を教えてくれた。

「正義なき力は悪。力なき正義は寝言《ねごと》」

力、つまり強さと優しさは両輪《りょうりん》なのだ。

あなたはどの強さを身につけたいだろうか？

弱い立場の人の気持ちを大切にする

強い人にはしっかりと向き合い、弱い立場の人を大切にする。これができる男は本当にかっこいい。

しかし、こういう人は稀少《きしょう》だ。先ほども書いたが、自分が強い立場や、優位なポジションにいるとき、残念ながら、多くの人は得てして弱い立場の人に高圧的になりがちだ。

僕には人生で目指す兄貴分がいると話したが、このことの大切さを身をもって教えてくれたのが、24歳のときに出会った、人生で二人めの兄貴、現オタフクホールディングス株式会社、オタフクソース株式会社の社長、佐々木茂喜《しげき》さんだった。

僕は小学生のときに、生まれ育った商店街にあった、たこ焼き屋の手伝いで商売の面白さを知り、「大人になったら、たこ焼き屋になる」と決めた。そしていろんなたこ焼き屋めぐりをしている最中に佐々木さんと出会った。当時の僕は社会に出たての、出版社の営業小僧だった。

その会社のクライアント表の中に、オタフクソースさんの名前があったことから、名刺を持って飛んでいった。そのときに担当してくれたのが、当時東京支店長だった佐々木さんだった。

佐々木さんに出会ったのは、応援してくれる人もいない、たこ焼き屋になるきっかけもない、そんな状態で、あまりにも先が見えず、夢をあきらめかけていたときだったのだ。

「最後のチャンスのような気がする。神様、お願いです。もう僕の夢を踏《ふ》みにじらないでください」

そんなことを思いながら、一生懸命、佐々木さんに自分がたこ焼き屋を志した理由を話した。

佐々木さんは出会ったばかりのどこの馬の骨ともわからない若造の夢を、目をそらさずにしっかりと聞いてくれた。そこから、いろんなたこ焼き屋さんを紹介してもらい、佐々木さんの紹介でたこ焼き屋の大手チェーンに就職できた。そして独立して、たこ焼き屋を始めることができたのだ。

くじけそうになったとき、道に迷いそうになったとき、何もない僕を飲みに連れていってくれ、励ましてくれた。

「おまえは必ず成功するよ」

気を遣ってそう言ってくれていたのだとは思うが、その言葉に支えられて、いまがある。

佐々木さんに出会わなかったら、いまの自分は間違いなく違った道を行っていたような気がする。

そのときから15年以上の月日が経ったいまも、佐々木さんにずっとかわいがっていただいているのだが、佐々木さんのスタンスはまったく変わらない。

「立場の弱い人を大切にする」

言葉にはしないが、その生き方はまったくブレずに若い人にたくさんの夢を与え続けている。

佐々木さんが行動を通して教えてくれた「男」の条件を一つ紹介させていただきたい。

佐々木茂喜という生き方

たこ焼き屋の修業を終えて、地元中津でたこ焼き屋を始めるときのこと、佐々木さんから1本の電話をいただいた。

内容はオープンの祝福がメインだったが、最後に言われた一言がとても心に残った。それは、食材を運んでくれる取引先さんとのことだった。

「いいか、いくら自分が買う側になったからって、取引先さんに上から言っちゃダメだぞ。まだおまえは若い。食材を運んでくださる人はたぶん、年上の人も多いだろうから、胸を借りるつもりでおつき合いしたらいいと思うよ。いくら買う側だからといったって、相手もおまえと同じ感情を持った人間だからな」

この言葉のおかげで、ありがたいことに僕の会社は、開店のときからずっと、取引先さんにとてもよくしていただいてきた。

交渉に疲れ果てた営業マンさんが、うちの店に来て、スタッフたちとお茶を飲んでいる姿が当たり前になった。

これはどんな仕事にも言えることだが、売り手と買い手の関係では、どうしても買い手のほうが立場が上になることが多い。佐々木さんがあのとき教えてくれたのは、「とくに弱い立場への気遣いを忘れないように」ということだったのだ。

こういう話を教えてくれる人はたくさんいるかもしれない。しかし、佐々木さんの強さは、言っていることと行動していることが見事に一致していることだった。

社長になったいまでも、福岡への出張のたびに、僕の店に寄ってくださるのだが、毎回びっくりするのがうちのスタッフたちの名前をほぼ全員覚えてくれているということ。スタッフたちからしてみれば、天下のオタフクソースの社長から、いきなり下の名前で呼ばれるのだからびっくりものだ。それを当たり前のようにあっさりとだから、誰もが佐々木さんのことを一発で好きになる。

ある年の年末のことだった。うちの福岡の店のスタッフが、少し重い病気で入院することになってしまった。彼も佐々木さんが常に声をかけてくださるスタッフで、当然、佐々木さんのことを尊敬している。

あとから彼に聞いた話だが、体調がどんどん悪くなり、心が暗くなっていたときに、店以外の人の中で、彼に一番に連絡をくれたのは佐々木さんだったらしい。

「もどかしいかもしれないけど、いまは仲間に任《まか》せろよ。おまえの一番の仕事は1日でも早く体調をよくすることだ」

この言葉が大きな支えになったと、彼は朝礼で涙ながらに語った。

そのとき初めてその事実を聞いた僕たちも、佐々木さんの大きさに感動した。

誰かがピンチのときにいち早く行動できる、そんな男になろうと約束した。

これは意外と気づかないところだが、誰にでも大切な人はいる。人を大切にするということは、その人の大切にしている人もまとめて大切にすることなのだと教えてもらった。

僕はまだまだ佐々木さんには到底追いつかないが、かくありたいと常々思う。

牛乳と子犬と少年

ここで、僕が「男」を目指し始めるターニングポイントになった先輩との出会いの話をさせてもらいたい。

事業を起こして、本を書くようになり、講演や人財育成の仕事をさせていただく立場になって、よくこう言われることがある。

「永松さんは小さい頃からガキ大将だったんでしょうね」

そのように見られるのはうれしいが、じつは、これは大きく違う。

30年以上も過去のことだが、思いきって告白したい。

僕は商家の長男として生まれた。初孫でもあったため、何不自由なく、蝶よ花よと育てられた。年上の兄貴に殴られるわけでもない。少々悪いことをしても、そんなに怒られない。だから幼稚園に入るまでは、この世に争いがあるとは知らずに育った。

しかし、実際、幼稚園、小学校と上がるにつれて、年上と一緒に育てられた次男や三男と出会うことになる。当然ガキ大将が出てくる。そしてその周りを取り巻く連中がいる。僕はその中に入れもしないで、隅っこのほうから、その姿を見ている、窓際《まどぎわ》の子どもだった。輪に入るのも怖い。反発もできない。そんなだから、小学校に入ってすぐ、いじめの標的になった。

入学して一時たった日の放課後、ガキ大将や取り巻き、そして女の子たちにつかまって僕は囲まれた。全員が給食のときに出る牛乳を持っていた。そこから先、何が起きるのかがまったくわからなかった。

すると、ガキ大将から、「おまえを見てると、むかつくんだよ」みたいなことを言われた。そして、全員からその牛乳を頭からかけられた。どうしていいのかわからなかったが、とりあえず、その場を僕は笑ってすませた。ほかにどうリアクションしたらいいのかわからなかったのだ。

牛乳でびちゃびちゃになったまま、一人でいつもの帰り道を歩いていると、だんだん涙が出てきた。悔しかった。でもどうすることもできないし、どうしたらいいのかわからない。いろんな感情が入り交じって、わんわん泣いて帰った。

そのまま帰ると母が心配するので、近所のおばちゃんのところに寄って頭を洗った。シャツは捨て、半ズボンとランニングシャツで家に帰って、何事もなかったように振る舞った。

そんな子どもだった。

なんとなく、学校でいじめられているのを悟《さと》ったのか、父親は僕を少林寺拳法に入門させた。

その道場が厳しかったおかげで、全国大会の上位常連の選手になり、やがていじめられることはなくなってきたが、それでも、学校で誰かとケンカするのは怖かった。

あいかわらず可もなく不可もない、どこにでもいる普通の子どもだった。

中学に入り、僕は学校の部室でこそっと子犬を飼っていた。僕の中学校は1階建てだったのだが、雨の日に、その子犬がずぶぬれで教室に入ってきた。ガキ大将がその子犬を蹴飛ばし、猫をつまむようにつかまえた。子犬はキャンキャンと鳴いた。

窓を開け、ガキ大将は外にほうり投げた。誰もがかわいそうにと思っていたはずだが、逆らえるはずもなく、教室中に乾いた笑いが響いた。僕はまた何もできなかった。しかし、そのとき、自分のからだの血が逆流するのがわかった。

悔しさと自分の情けなさに拳《こぶし》が震えた。おそらくあの瞬間、僕の中で何かが変わった。

「どうしたら、いじめがなくなるのだろう?」

真剣に考えて、僕はその学校で一番強いと言われていた先輩のところに相談に行った。

一通り話を聞いてもらうと、その先輩からこう言われた。

「何もできないのは、おまえが弱いからだ」

先輩は放課後に僕を連れて、駅前に行った。そして、怖そうな中学生を見つけて言った。

「おい、こいつがおまえに文句があるんだって」

「なんだと？」

相手は僕をにらみつけながら近寄ってきた。先輩は言った。

「あいつとケンカしてこい。ほら、こっち来るぞ」

当然僕は断った。しかし、それ以上断ると、殴られそうだったので、なんとなくその相手に向かっていった。初めて人を殴った瞬間だった。

獅子は我が子を千尋《せんじん》の谷に突き落とすというが、まさに突き落とされた状態だった。無我夢中で向かっていったが、少林寺をやっていたせいか、初めてのケンカで勝ってしまったのだ。

それからというもの、僕はケンカに明け暮れた。

その頃は力が強くなることがすべてだと思っていた。ただただ強くなりたかった。

「自分が強くなれば、いじめがなくなる」

そんな使命感を持ってケンカする変なガキだった。

普通はケンカに勝つとうれしいものだろうが、ケンカの動機が違うので、そんな感覚はまったくなかった。そして3年生になる頃には、僕に何かを言ってくる相手は学校にいなくなった。いじめもなくなった。

こんな感じだから、最初から僕はガキ大将の気質ではない。いまでも気弱になることだってたくさんある。

ただよかったなと思うのは、「強くなりたい」と願い始めたのが、普通の人よりいささか早かったことかもしれない。そして、長男のまじめさで自分を鍛《きた》え続けることができた。

もし、自分が幼い頃にいじめられたり、何かを守れなかったりした経験がなかったら、僕はおそらくこの本を書くことはできなかったと思う。やられたからこそ、情けない思いをしたからこそ、「強くなりたい。かっこいい男になりたい」と強烈に思ったし、そのことを考え続けてきた。

強い立場で上から書いたわけじゃない。そして、本来、僕はそんなふうに語れる強い男ではない。ただ、もし、あなたがいま、何かに迷ったり、いじめられたりしている立場にいるとしたら、僕はその気持ちが普通の人より、よくわかるほうだと思う。

本当の「男」とは、すごいことを成し遂げたり、大金を手に入れたりすることだけではない。人の痛みをわかることこそ、男の一番の条件だ。

レイモンド・チャンドラーの有名な小説で、探偵が吐くこんな言葉がある。

「男は強くなければいけない。優しくなければ生きる資格がない」

強くなってほしい。そしてその強さから生まれる優しさで、大切な人と自分自身の誇りを守ってほしい。もうこれ以上、あなたが逃げ出さないように。情けない思いに自分を切り刻まれることのないように。そして胸を張って生きることができるように。

やられたから、人の痛みを知る優しさが身につく。そして情けない思いをしたから手に入る強さがある。


絶対に自分をあきらめるな。

男はいつからでも、何歳からでも強くなれる。


かつての牛乳少年と同じような気持ちを持つすべての男たちに、輝いた未来が来ることを祈る。

どんな先輩がいるかで、男の将来がわかる

「男」は「未来の『男』の卵」を見抜くという。

なぜか？　それは、自分が経験してきて、「男」の条件を知っているからだ。

そしてそのときの選ぶ基準、それは、その若者が大切にしているもの、いま、集中しているもの、目の輝き、そして、将来どうなろうとしているのかという、志の部分に重きを置く。

つまり「男」たちは、あとから来るその若者が、「いまどのポジションにいるのか」よりも「将来、どのポジションに来るのか」をしっかり見抜くセンサーを持っている。そして「男」は後輩たちの中に、かつての自分を見つけるのだ。そして選ばれた人間が、その意志のたすきリレーの次の走者になるのだ。

どんな分野であれ、成功者を見ていて思うことがある。

それは「『男』は自分が登っている山を下から登ってくる若者に、次の時代、そして自分のやってきたことを託したくなる」ということだ。

僕もまだ到達はできていないが、それでもいまの時点で、事業を起こして苦労している若い人や、何者かになりたくて自分を磨いている若い人を見るとワクワクする。

「男」であればあるほど、後継に自分の意志を渡していくことの大切さや、壮大さの中にあるロマンを知っているのだ。

そしてその人のあとを継いでいこうとするあなたに伝えたい。

もし、いま、あなたが暗闇の中にいたとしても、もし周りに自分の尊敬する先輩がいて、その人があなたにいろんなことを教えてくれているとしたら、迷うことはない。ため息をつかなくていい。弟子は師匠に似る。自分の尊敬する師匠、兄貴に喰《く》らいついて、その人の生き方、在り方、そして考え方を学んでほしい。

素敵な人に出会えますように。そしてその人に選んでいただける、そんなあなたになってほしい。必ずあなたはその先輩に近づいていくことになるのだから。

第4章
やってはいけない男のルール

行動に一貫性のない男は嫌われる

最近講演会で全国を精力的にまわっている仲間から、こんな話を聞いた。その仲間のことを、Aさんと呼ぶことにする。

Aさんが、ゲストの1人として呼ばれて、とある会に参加したときのことだった。その会で、会場のしきりからご案内まで、とにかく、そつなくこなす仕事のできる若い人がいたらしい。物腰も低く、言葉遣いも丁寧《ていねい》で感じがいい。申し訳ないと思うくらい、Aさんたちゲストに親切にしてくれて、彼の行動に他の先生方も感心されていたそうだ。

無事その会が終わり、Aさんをその彼が案内してくれることになり、2次会の会場までタクシーで行くことになった。Aさんは彼がどんな気持ちで人に接しているのかについて、話を聞かせてもらおうとワクワクしていた。

タクシーに乗った。すると、彼が突然ぶっきらぼうに運転手さんに言った。

「○○っていう居酒屋！」

運転手さんには場所がわからなかったようで、彼にもう一度店の名前を聞き返すと、「だから○○。場所わからない？　だったらナビに入れてよ。大切な人を乗っけて急ぎだから」

運転手さんは気の毒なくらい、「すみません」と低姿勢でナビを入れていた。

その態度は、先ほどまでの会場での彼と同じ人間だとは思えなかったという。正直、Aさんは、その瞬間から彼と話をする気がなくなってしまったそうだ。

Aさんの話の彼は、人の立場や肩書きを見て態度を変える人の典型的な例だった。

この話はいろんな戒《いまし》めを教えてくれる。しかし、意外とこういう人は多いのではないだろうか。

自分より立場の弱い部下にいばり散らして、上司にはペコペコする人。お客になったとたん、店員に高圧的な態度をとる人。つまり強い人には弱く、弱い人には強く出る人のことだ。

こういう人は当然だが嫌われる。そして、損をしてしまう。これならば、まだ人によって分け隔《へだ》てをしないほうが、筋《すじ》が通る。

どうせ下にいばるなら、上にも噛《か》みつく人のほうがまだましだ。まあ、この生き方はわかりやすいが、行くところによっては角が立ってしまうので、あまりおすすめできないが、一貫性という意味でいえば、アリかもしれない。

一番いいのは、可能な限り、立場に関係なく、人を大切にしようと心がけておくことだ。

この一貫性を持つことができれば、あなたの周りには人が集まり、あなたは人から信頼されることになるのだから。

人によって態度を変える生き方は、一番自分自身を陥れてしまうということだけは覚えておきたいものだ。

虎の威《い》を借りない

「自分は有名な◯◯を知っている」と有名人とつながりがあることを自慢する男がいる。

これは本人は気持ちいいかもしれないが、聞いていてあまり美しいものではない。

そういう話が好きな人は別として、あまりにもその自慢が行きすぎてしまうと、大概の人は「それがどうした」と思う。

もう1つ例を挙げよう。たとえばあなたが大手の会社に就職したなど、人に比べて有利な立場にあったとする。すると、取引先や業者さんは、あなたをチヤホヤするかもしれない。ここがまた、大きな勘違いを引き起こす原因になる。

いくら相手が自分に頭を下げたとしても、それはあなた自身というより、あなたの会社に対してであることがほとんどである。ここで勘違いして、「自分はすごいんだ」と思い込んでしまうと大きなしっぺ返しを喰らうことになる。

先ほど、人によって態度を変えないという話をした。続きになるが、大きな権威《けんい》を笠に着ていばるのもさらにダメだ。

男はいつの時代も上下関係、力関係で生きている生き物だ。会社名、知名度や影響力を持った知人、人が聞いただけで頭を下げる力のあるもの、そういった大きな権威という大看板を手に入れると、少しはいばりたくなることもあるかもしれない。しかし、それをやっちゃおしまいだ。価値も下がるし、自分の力では何もできないと見なされかねない。

大切なのは、そういったものをすべてなくしたときに自分自身に残る力、つまり、自分1人の足でしっかり立ち、そして戦っていける力なのだ。

自分で努力をし、本当の実力を持った人間は、自分がどこの人間であろうが、どんなすばらしい人を知っていようが、そこに頼ることはない。有名人を知ってる自慢をするくらいなら、しっかりと自分の実力を磨いたほうがいい。

え？　周りもそうだから？　だから、同じように虎の威を借りるのか？　弱い立場の人に高圧的に出るのか？

それでは普通ではないか。周りが弱い者を大切にしなくても、あなただけは、しっかりと相手の立場を理解したうえで、できるかぎり大切にすればいい。

ダイヤモンドがなぜあれだけの価値があるのか、それは数が少ないからだ。何にせよ、稀少なものには価値がつく。周りがどうであれ、あなたがダイヤになればいい。

「すごいのは、会社や自分の周りの人なのだ」と、常に覚えておけば間違えることはない。

ブランドに頼るより、実力を磨いてあなた自身がブランドになる生き方をしてみないか？

たとえばあなたが田中さんだったとしたら、「○○株式会社の田中さん」よりも、「あの田中さんがいる○○株式会社」、「○○ブランドを持っている田中さん」よりも、「田中さんが持っている○○ブランド」。

そう言われるような自分を目指したほうがかっこいいではないか。

言葉遣いに気を抜かない

社会は学校とは違って、20代から、だいたい60代くらいまでの、多世代の人たちで構成されている。その中でも若くても年上の人を嫌な気分にさせない人がいる。当然かわいがられる。そんな彼らに共通の特徴がある。

それは人間関係においての甘えがないということである。

しっかり仕事をするとか、約束を守るということも一つではあるが、僕は「言葉の遣い方」というものも大きく関係するのではないかと思う。

日本では古くから、敬語というものが存在する。

部下が上司に、後輩が先輩に、そしてもちろんお客さんに、そして関係の業者さんに。社会では敬語の使い方が、まず最低の礼儀となる。

とくに若い人に見られがちな現象がある。

相手との関係性が密接になると、相手に対して敬語と友達語（タメ語とよばれるもの）が混ざり始める人がいることだ。

これをやってしまうと、まず損をする。

世の中、とくに男性同士の関係というのは、いまも昔も縦《たて》社会だ。

どれだけ仲良くなろうが、礼儀を守ることによって、親しき仲というものが成立してきた。もちろんいろんな関係性があるから、すべて敬語で話せばうまくいくと言っているのではない。

先輩でも、「これからは敬語ではなく、友達でいこう」と言ってくれる人もいる。

そんな場合もある。そのときは、「わかりました。じゃあ、そうさせてもらいます」と切り替えるのもありだろう。

ここで言っているのは、いくら距離が近づいたからと言って、徐々に敬語を使わずに相手との距離感を縮めようとすると、「男」であればあるほど、その心根《こころね》の部分を読まれてしまうということだ。

「甘いやつだ」と思われて、思わぬ損をしてしまう恐れがあるということなのだ。

敬語を使わずに、友達語を使うのであれば、相手としっかりと話をしたうえで、切り替えるほうがよほど潔い。

まあ、それでも社会においては、どんな関係性であろうが、言葉遣いはしっかりと意識したほうが、男としての価値は、まず間違いなく上がるだろう。

それを選択したのは誰ですか？

いつもだまされる人がいる。

「あの人に勧《すす》められたから買ったけど、結局は何のいいこともなかった。ひどい人だ」と言っている人がいる。

しかし、聞きたい。

買うことを決めたのは誰ですか？

その人の言うことを信じると決めたのは誰ですか？

子どもの頃、親の監視《かんし》下にいるときは、すべてを自分で選ぶことはできないかもしれないが、いっぱしの社会人になった人間が、「あの人が悪い」「あの人にだまされた」と人のせいにする姿は見苦しい。そして、こういう人は習慣的に、ずっとこれを繰り返している。

人間関係も、自分の進むべき道も、いま自分が起こしている行動も、結局すべては自分が選んだことなのだ。

ここを自覚できないと、いつまでも人のせいにする人生から逃れられない。

嫌ならば断ればいい。人から勧められてもピンと来ないなら、それを受けなければいい。それで相手から嫌われても仕方ないじゃないか。

もし、それであなたから離れていくなら、それはその人があなたのことを思っていたわけじゃなくて、その人があなたを自分の思いどおりに動かそうとしているだけなのだ。

そんな人の言うことを聞いたって、結局は都合のいいように使われるだけだ。

すべては自分が決めたことと思い、自分の道を歩き始めると、それが面白くうつらずに、批判をする人もいるかもしれない。

しかし、それは相手の価値観だからどうしようもないことだ。

もし、批判を避けようと思うなら、ずっと言うことを聞かなければいけなくなる。

では、どう決めればいいのか？

どうすればいい道を選択できるのか？　迷ったとき、進むか止まるか。

僕なりの決断方法を書く。

「迷ったらゴー」という人もいるが、僕は逆だ。

迷ったら行かない。本当に進むべき道ならば、迷うこと自体がない。人間には誰でも必ず「心の声」を聞く力がある。「なんとなく」感じる違和感などもそれに入る。

しかし、決断をすべて人任せにして人生を送ると、この心の声を察知するセンサーが鈍ってしまう。

これは言葉では説明しにくいが、自分の心の中に引っかかりがまったくない状態、つまり船に乗って流れのままに進んでいけるような感覚のときが来る。

そんなときには迷わず進めばいい。

人生は一度きり。あなたが主役なのだ。人のせいにするということは、ある意味、自分の人生の主導権を放棄《ほうき》しているのと同じことになる。

本当にあなたのことを思ってくれる人ならば、あなたの決断をいつかはきっとわかってくれる。

口が軽い男だけには絶対なるな

世の中はいろんな人間関係で成り立っている。ここがうまくいく人生といかない人生は天と地ほどの開きがある。

前者の人生を送れる男の必須条件がある。

それは「口の堅さ」だ。

「あの人がこういうふうに言っていた」

「ここだけの話なんだけど」

この言葉はトラブルの元凶《げんきょう》になる。できる男はそれをよく知っている。ある人がこんなことを言っていた。

「僕は噂話や秘密の話を聞いたときに、それを自分の中の『話の墓場』に埋めることにしているんです。でないと、どんどん連鎖《れんさ》していきますからね。だから僕の『話の墓場』を掘り起こすと大変なことになりますよ。聞いたら意識的に忘れるくらいがいいですね。そう言った話は、どこかで止めないと、くだらない争いが起きちゃうので」

口の軽い男、悪口ばかり言う男は、とにかく男同士の信頼を失う。だいたいそういう人はあなたがいないところでは、あなたのことを言っている、もしくは、やがて言うようになると思って、ほぼ間違いない。そしてこのクセは、よほど本人が痛い思いでもしない限り、なかなか直らないのだ。こういう人は、得てしてトラブルの中にいつもいる。

そして土壇場になると、「俺は言ってない」の一点張りで逃げる。

若い頃、まだ未熟な頃、このトラブルはよく起きる。

仲間たちの中で、学校の中で、いろんな人間関係の中で。

こうした男は話を曲げたり、変に盛ったりするクセもあることが多い。そして、その瞬間は、どう聞いても真実に聞こえてしまうからタチが悪い。

そして、もう1つ。

話は両側から聞かないと全容はわからない。

なぜか？　よほどの人間力を持った男でない限り、おそらくその相手が一方的に悪いことになっているはずだ。

こうしたトラブルのとき、普通の男は無意識に自分をかばおうとする。

できる男はそれをしない。しっかりと自分の非も認めることができる。こうしたとき、対応策は1つしかない。

無駄なことを言わないことだ。そして、自分自身をしっかりと見返すほうがいい。

そもそもそうしたトラブルに巻き込まれる人間関係をつくっているのは、他の誰でもない、自分自身なのだから。

思わず人の秘密や、言ってはいけないことを話すということ自体が、依存であり、心のゆるみだ。そして、暇なのだ。

自分の人生をしっかりと生きている「男」、人から必要とされて忙しい「男」は、そんなにいちいち人のことばかりを考える余裕などない。逆にいえば、常に目の前のことに一生懸命集中することが、トラブルに巻き込まれない一番の方法だ。

精神的に自立した男は、そんな場所にいない。かっこわるいからだ。そこにいること自体が恥ずかしいことなのだ。

もし巻き込まれそうな場合は、「そんなこと知るか」くらいのスタンスで、その場を去ればいい。

「言った、言わない」の問題に巻き込まれた時点で、男の格は一気に下がる。口で損しないように気をつけよう。

迷ったら同性からの信頼を選ぶ

小さい頃、秘密基地をつくった経験はあるだろうか？

僕の育った場所はたんぼと山に囲まれていたので、しょっちゅう秘密基地をつくって遊んでいた。ここで、仲間たちと絶対に約束した、たった1つのルールがあった。それは、「秘密基地の存在は、自分たち以外、誰にも言わないこと」だった。

ある日、いつものように遊んでいたとき、仲間の一人が言った。

「今日は母ちゃんから怒られて腹が立っているから、俺はここに泊まることにする」

迷ったが、僕も彼につき合うことにした。家に帰って親父に殴られるのも、ある程度覚悟したが、「俺は帰るよ」と言いづらかったこともある。「ま、落ち着いたら帰ろうってことになるだろう」と思っていた。

日が暮れるとだんだん心細くなる。たぶん、あれは夕方の6時くらいだったと思う。

仲間の1人のお母さんが、なんとその秘密基地に来たのだ。みんなそろって怒られたのは言うまでもない。

「なぜバレた?」

みんな一瞬考えて、その息子を見ると、「ごめん」と謝った。彼は仲間の誓いを破って、お母さんに僕たちの秘密基地をゲロしてしまっていたのだ。その後も普通に遊ぶことはあったが、だんだんと彼は仲間の輪から外されていった。

これはなにも子どもの世界に限ったことではない。大人になったいまも、それはある。

たとえばこんな男がいる。男女間の問題にすぐ首を突っ込みたがる男だ。タチが悪いと、女性側について、つき合っている男のすべてを暴露して、自分の株を上げようとする。つき合っている男がどうしようもない場合はもちろんある。だったらそのつき合っている女性ではなく、仲間として、そして同じ男として、彼に注意すればいい。

しかし、それはせずに女性のほうにいい顔をしようとする。こんな男は絶対に男社会の中では信用されなくなっていく。

いい男は普通、男女間の話には首を突っ込まないが、大切な仲間で、どうしようもないときは、男からの信頼を選んだほうがいい。

男女間はどうしても、違う感情が生まれることが多い。

父親と娘。母親と息子。夫婦、恋人、男女の友人関係。異性間は冷静にジャッジしにくいことが多い。

それに対して同性というのは、惚れたはれたの関係にはならないから、ジャッジは当然人間としてということになる。男女間もいくら惚れ合っていようが、時間が経つと、結局は人間的なつき合いになる。同性に好かれる人間は、すべてとは言い切れないが、やはりいい人である確率は高い。

別に悪いことをお勧めしているわけではないが、やはり、秘密はちゃんと守ったほうがいい。男なら、そんなことで男たちの信頼を裏切るのはもったいない。やはりいざとなったら、同じ気持ちのわかる同性の評価を選べる男のほうが、男からだけでなく、結果的には女性からも人として信頼されるだろう。

サラリーマンをなめるな

とある書店の店員さんに聞いた話だが、最近は仕事で独立するための本が、とにかくよく売れるらしい。たしかに先行きが不安定ないまの世の中だから、せめて自分の食い扶持《ぶち》くらいは自分で稼ごうと思う人が増えるのが当然なのかもしれない。

やりたいことがあるなら、すぐにでも始めればいい。しかし、なんとなくのブームやスタイルで独立をしようと思っているなら、厳しい言い方かもしれないが、考え直したほうがいい。

起業は誰でも簡単にできるが、続けていくのはそんなにヤワなことではない。

まあ、それはいいとして、伝えたいのはそこではない。

独立するのはたしかにすごいことかもしれないが、そっちの道を選んだからといって、別の生き方をしている人や、会社のために、家族のために一生懸命働いているサラリーマンを絶対にバカにしないことだ。逆にそういう人を見下す程度の器では、起業しても、結局は会社をつぶして人に迷惑をかけてしまうだけだ。

僕はいま、経営者としての立場で15年あまりを生きてきた。そのうえでわかることだが、社員として働いている人の中にも、自分の仕事に誇りを持ち、大切な人のために働いている男たちはたくさんいる。

「経営者はすごくて、そうじゃない人は下」

優秀な経営者になればなるほど、そんなことを考えている人の数は減っていく。誰のおかげでいま、自分の会社がしっかりと存在しているのかを、理屈ではなく、体感でよく知っているのだ。

きれいごとをのぞけば、男の社会はずっと競争の歴史だ。社会的地位、所得、いろんなもので計られるのは男で生まれた以上、仕方ない。

しかし、ここでもう1つ、数字で測ることができないものが存在する。

それが男としての器だったり、人間力、人望力だ。これを兼ね備えていれば、立場はどんなところからでも、その男は必ず頭角《とうかく》を現す。

起業して会社をつぶす人もいれば、会社でのし上がって、大社長になる人だっている。

やはり大切なのは、自分がいまの仕事にどれだけの使命感や志を持って生きているかということだ。

それはそんなにこだわることなのか？

ちょっとしたことで、蜂《はち》の巣をつついたように大騒ぎする男がいる。

心から大変だと思っているのか、そういう性格なのか、もしくは大騒ぎして自分が注目されたいのか、それはよくはわからないが、こんな男は残念ながら小さく見られてしまう。

そして、どんな集まりでも、どんな職場でもこういう男は1人や2人はいる。

周りはいいとしても、あなたにはそんな男になってほしくない。

人によってさまざまではあるが、土壇場というのは、そんなにちょくちょくは来ない。

ピンチだと思ったときに、一番いい方法、それは「最悪を考えてみる」ということだ。

長いスパンで見たときに、振り返ると、自分が想定した最悪の状態になることはあまりない。「なんであんな小さなことにこだわっていたんだろう」と、時が過ぎてみると、たいしたことでもないのに大騒ぎしてしまった自分に恥ずかしさを覚えることもあるが、過ぎたことは仕方ない。これからどう生きるかが大切だ。とくに上質な男を目指していくなら、いつもこう、自分に問いかけてみるといい。

「これは大騒ぎするほど大切なことなのか？」

誰だってそうかもしれないが、あまりに細かいところに目を配りすぎると、全体的なものを見失ってしまう。木を見て森を見ずの状態になってしまうのだ。

こうなると、周りからも「また何か言っている。ほっとけ、ほっとけ」と言われてしまうようになる。オオカミ少年の末路は悲惨《ひさん》なものだ。

男は少しくらい鷹揚なほうがいい。

成功する男は、細かいことにこだわって自分自身をがんじがらめにすることはない。本当に大切なことと、たいして問題ではないことを的確に区別できるのだ。

もっと深く言えば、本質的に大切なものがしっかりと見えているからこそ、枝葉末節《しようまっせつ》は簡単に捨てることができる。そして、誰もが見落としそうな大切な部分に気がつくから、誰よりも早く解決策を講じることができる。

これは男女関係にも言える。たとえば女性が何かの問題に直面して、あたふたしているとき、一緒になって騒ぐ男になるのだけは避けたい。正直かっこわるい。

女性が困っているとき、またピンチになったときこそ、細かいところではなく本質的な部分をしっかりと見て、難局を切り抜けていく方向性をいち早く見つけてあげることが大切だ。

残念ながら、最近はこの逆転現象がいろんなところで起きているような気がする。

男が大騒ぎし、女性のほうが先に腹を据えている。これは絵的にいかがなものだろうか？

ま、とにかく男は本質的なもの、「何が大切で、何は捨ててもいい部分なのか」を正確に、そしてしっかりと見極められるようになりたいものだ。

これを機に、小さなことで大騒ぎするのはもうやめよう。

いばると全部がぶちこわしになる

何かと自分の手柄を自分で口にする人がいる。これはとても惜《お》しい。自分で言うと、周りはどんどん冷めていく。せっかくのがんばりが無になってしまう。自分のやったことを、人が話してくれるからかっこいいのだ。

僕の憧れた先輩たちは、この辺のことをしっかりと理解している人たちだった。自分の自慢話をしたり、やってきたことを笠に着ていばったりする人は、ありがたいことに1人もいなかった。

これは、とくに男が注意しておかなければいけないところだろう。とくに、男という生き物は、後輩や、好きな女性の前では、気を抜くといばってしまうことがある。ここで、聞き上手な人にあたってしまうと、振り返って自分が穴を掘ってでも隠れたくなるほど、延々と自慢話をしてピエロになる。

どれだけ笑顔で聞いてくれていたとしても、それを「かっこいい」と思う人は少ない。それどころか、「早く終わらないかな」とうんざりして聞いているものだ。客観的に見ると、とても残念な絵だ。

成功を自分でしっかりと実感している男というのは、とにかく静かだ。ちゃんとした実績を出し、自分を誇ることができれば、自己重要感は自力で埋まる。だからわざわざ人に話してほめてもらわなくても、満足なのだ。ある女性がこんなことを言っていた。

「一緒に食事をするときに女性が一番いやがるのは、とにかく店員さんや、一緒に連れてきた後輩にいばり散らす人。本人はかっこいいと思って上から目線でいくんだろうけど、あんなに興ざめすることはないよね。

ま、ごくわずか、少し地位のある男といると、それに同調して、一緒に上から目線で店員さんにいばる女もいるけど、かっこわるいよね。ま、似た者同士ね」

他にもこんな場合もある。男はとかく自分の武勇伝を語りたがる生き物だ。

「いやー、俺も昔は悪くてさ」と過去の自分の生き様を伝説的な話に仕上げてしまいたくなることもある。居酒屋のカウンターでよく見る光景だ。

いい男はこの逆を語る。自分の失敗談だ。しかも、それを面白おかしく、そして時にさりげなく、ためになる教訓をくれる男に人は器を感じる。

いばったり、武勇伝を語るのはとにかくかっこわるい。ということは、いばらずに、どんな人でも大切にできる人はとてもポイントが上がるということだ。

理屈上はいたって簡単。しかし、これは、自分では気がつきにくいところかもしれない。

そして、男もある程度歳をとると、そこを指摘してくれる人も少なくなる。もし、自分がそれほど語り草になっていない場合は、ひょっとすると、自分が思うほど人が感動していないのかもしれない。そう考え、もっともっと努力したほうがいい。

宮本武蔵が言った。

「我以外、皆、我が師」。

いばっている人を見たら、その振りを見て我が身を正そう。

土壇場で試される3つの力

周りから尊敬されている人が、絶対に責任をとらなければいけない土壇場になって逃げ出してしまい、「え、あの人が?」と耳を疑いたくなるようなことがある。

逆に周りから何の注目もされていなかった人が、土壇場で大活躍して、「え、あの人が?」といい意味で周りを驚かすこともある。

人生には平穏無事《へいおんぶじ》な「平時」と、問題が発生する「有事」がある。

ずっと平時であることはとても幸せなことだが、残念ながら人生はそんなにうまくできてはいない。

「好事魔多《こうじま》し」「勝って兜《かぶと》の緒《お》を締めよ」

まったく昔の人は、うまいことを言ったものだ。

神様が何かのいたずらでもしているんじゃないかと疑いたくなるくらい、うまくいき続けることも、失敗し続けることもない。まるで試されているかのように。

そして、その人の本質は、この「有事」、つまりいざというときにあらわになる。

一番多いのが、職場で何らかのミスが起きたとき。

このときに周り、とくに部下は、その男がどんな行動をとるかをしっかり見ている。

尊敬も失望もそのときの選択次第だ。そして、他にもこんなことはたくさんある。

たとえば恋人同士、夫婦、友人関係、人間が交差するところで、有事は発生する。若い頃なら1度や2度の失敗は許されても、重要なポジションにつけられたときはそうはいかない。

重役の「重」の字は、その責任の重さから生まれた言葉なのかもしれない。

土壇場での腹は、どうくくればいいのか？

それは常にイメージしておくしかない。

それでも予期せぬことは起きるかもしれないが、いくら想定しておいてもしすぎることはないだろう。

もし何かが起きたとき、３つのことを自分の中に決めておくといい。

まず１つめは「何もできなかったとしても、その場から逃げない」ということ。

理想をいえば、スーパーヒーローのように、すべてを芸術的に片付けることができれば言うことなしだが、そんな自分を想定しておくと、実際、思わぬ落とし穴にはまってしまう。もし、何もできなかったとしても、その場に居続けることはできる。本当は目を背けたくなったとしても、逃げてしまうとすべての言い訳ができなくなってしまう。

これはつけ加えておくが、どんなめんどくさい人間と会っても、すべて向き合って堂々と渡り合いましょうということではない。かえってそんなことに時間を費やすのがもったいない。必要がなければさっさと帰ればいい。

しかし、もし、自分がその場にいなくなったときに、自分の大切な人に何らかの危害が及ぶときは、なんとしても引いてはいけない。先にその人を帰らせるなり、安全を確保したあとに、自分も退散すると決めておけばいいのだ。

そして2つめは、「人のせいにしない」ということ。

たとえそれが人のせいであったとしても、「悪いのは僕じゃありません。彼です」なんて言おうものなら、男としての格は一気に地に落ちてしまう。

もしそうだとしても、何らかの責任は共に負うくらいの覚悟がほしい。そして、もし、本当にそのミスが自分の責任だったときは、もう腹をくくるしかない。

変に言い訳をするとドツボにはまってしまう。そのほうが後々めんどうになることも、先に想定しておくのだ。そして、早めに対策をうつ。そうすればいくらか傷は浅くなる。

自分が傷をまったく負わずに終わらせようとすると、思わぬ大けがをする。それを避けるためには、ひどいことを言われたり、2〜3発殴られるくらいの覚悟をしていたほうがいい。大切な人の信頼を失うことが何よりの損失だから。

そして、3つめは、「欲を出しすぎない」ということだ。

これも聞いた話だが、遺産相続や株の譲渡、給料交渉、金銭の貸し借りなど、そのほか金銭が絡むトラブルは意外なほど多い。

お金が絡んだときには、人の本性が出るという。黙って身ぐるみ剝《は》がされないように、気をつけなければいけないが、そこで欲を出しすぎると、男は浅ましく見られる。金銭にきれいであることも大きな男の条件の1つだ。

もちろんこれは浪費を勧めているわけではないことを、わかっていただいているとは思うが、「ケチ」と言われるのは、「男として最低」と言われているのと同じだ。

無駄なことにお金を使う必要はまったくないが、たとえば人の土壇場、つまり冠婚葬祭、もうちょっと軽い場で言うと、合コンや飲み会の支払いの瞬間。ここで欲を出すのはやめよう。逆にそんなときに少しくらいの見栄を張れないなら、行かないほうがかえって安全だ。それに、そんな一瞬のことで人間を見くびられるのも癪《しゃく》ではないか。

「逃げない」

「人のせいにしない」

「欲を出しすぎない」

この3つを決めて、あらかじめ想定しておけば、そうそう男を下げることはないようだ。

第5章

誇り高く生きるということ

もっと、とんがって生きてみよう

男について、さらに深く考えていきたい。

意外とこれは言われていないことだが、「男」の条件を一番わかりやすく教えてくれる教材がある。それは不良マンガだ。こう書くと顔をしかめられるかもしれないが、男性向けのマンガの中で、不良もの、アウトローものはかなりのシェアを占《し》める。どんなにまじめな人であっても、不良マンガを読んだことがないという人は少ないと思う。

これを真似するしないは別問題として、なぜこんなに人気があるのか？

それは、不良の世界のほうが、土壇場での男の在り方、つまり本書でずっと伝え続けてきた「男」の条件を描きやすいからだ。

さて、ここで1つ定義しておきたい。

不良とヤンキーは大きく違う。ヤンキーは髪型や服装をいじれば誰にでもなれる。しかし、不良というのは1本筋が通っていなければいけない。

信念を持つ。仲間を守る。権力に屈しない。そして土壇場で逃げない。

そう考えると、社会に出ても不良はいる。サラリーマンの姿をしていようが、八百屋さんであろうが、どんな仕事に就いていても、自分の信念を持っている不良はたくさんいる。

ただ、当然だが、暴力をふるったりすることは問題外。これでは社会から抹殺《まっさつ》される。

ここで書く不良というのは、あくまで心根の部分だ。

「悪かった人ほど成功する」という言葉を聞いたことがあると思う。これにはとても深い意味がある。「悪かった」とは人をいじめたり、強いほうばかりになびいていく弱虫のことではない。

学校ではある程度の型にはめて、その中でいい子であれば優秀だとされる。これはある意味当然だ。こうでなければまとまらない。

この中で、ただ嫌々《いやいや》その世界を飛び出すのではなく、自分の信念がその世界のルールと違うから、自分は自分の道を行くという生き方を選ぶ人は、世の中から不良というレッテルを貼られる。

しかし、この生き方を選べば、当然自分の人生にしっかりと責任を持って生きるという自発的な生き方を若い頃から強《し》いられることになる。

責任をしっかり自分でとれば、人間はある程度自由でいることができる。

だから社会に出ても強い。もし、自分ではそんな生き方を選べないとしても、その自由な生き方、そして仲間を守る男気が描かれている不良マンガの世界に、男は強い憧れを持つ。教育によかろうが、悪かろうが、関係なく。

何度も言うが、大小別として、男は幼い頃から戦いや競争の世界で生きている生き物だ。ケンカになることも当然ある。若い頃に、争いや何らかのトラブルに巻き込まれる経験をすると、男はゆっくりと腹が据わっていく。

いざとなれば、2~3発殴られる覚悟で臨めば大概のことはうまくいく。

社会に出て自分の意志を持つと、当然違う意志の人間とは衝突するケースもある。そのときに、ケンカ慣れしていない男は、とにかく自分の立場や、自分の身を守ろうとして、周りを失望させてしまう。それどころか、嘘をでっち上げたり、人を陥れたり、信じられないような汚い方法を使ってくる。これは子どもの殴り合いより、よっぽどタチが悪い。

そして得てして、これは優等生だった人に多い。ま、すべてとは言い切れないが。

不良の世界はある意味、男を磨く道場のようなものだ。

たとえ不良と言われようが、はみ出しものと言われようが、そこに自分の信念があったら貫いていきたいものだ。

そのほうが、男として涼やかに生きていける。社会という制約の枠の中にいても心までは縛《しば》られるな。自由な人生を。

小さなプライドを捨てる

僕の会社は飲食店を経営する飲食店事業部と出版、講演の人財育成事業部と大きく分けて2つの柱で成り立っている。

飲食店のほうでは日夜、いろんな人間模様が繰り広げられている。いまでこそ、安定してきてはいるが、10年前は店の中でスタッフたちがケンカをすることも日常茶飯事《さはんじ》で超がつくほどのでたらめチームだった。

その中でも、一番やんちゃで不良上がりの男がいた。みんなでお客さんに対して「いらっしゃいませ」のかけ声をかけるのが当たり前の決まりごとになっているのだが、その頭の下げ方もいちばん適当で、声も小さい。注意をすると、「俺、そんなに頭下げるの嫌なんで」と反発していた。いま考えればとんでもない理屈だが、本人は、いたって真剣にそう言っていた。

そんな彼ではあったが、時間がたつにつれ、ゆっくり成長し、やがて1店舗を任せられるリーダーになった。もともとは不良のリーダー格。仲間を守るという点に関しては、頼りになる男だったのだが、このリーダーというポジションが、さらに彼を育てていったのだろう。彼は「スタッフたちのおかげで店が成り立っている」ということに気がつき、その感謝をゆっくり口にするようになった。

そんなある日、僕に遠方から来客があり、彼が店長をしている店で食事をした。店はパニックと呼べるくらい忙しかったのだが、その彼が、お客さんのテーブルに走っていって、膝をついて頭を下げていた。

お客さんが食べた鍋が、どうやら冷《さ》めていたらしい。それをスタッフが間違えて運んでしまったのだ。

「本当にすみません。僕のミスです。早速つくり替えます！」と言って、その鍋を下げ、新しい鍋を速やかに持っていき、厨房の中でミスをしたスタッフの頭をポンポンとなで、「大丈夫。さあ、気を取り直していくぞ」と声をかけていた。

昔を知っているだけに、彼が半分土下座のようにして、お客さんに謝っていた姿やスタッフを安心させようとしている姿を見て、僕は腰を抜かしそうになるくらいびっくりした。

その日、営業が終わり、「おまえ、あの判断は偉かったな」と言うと、

「いえ、スタッフのミスはリーダーである僕の責任なんで。でも、こんな頭を下げてスタッフも店も守れるんなら安いもんです。頭を下げるのも悪くないですね」

と言って笑った。

プライドには2種類の意味がある。

1つは自分の我や見栄。そしてもう1つは信念。

見栄にしがみつくプライドを思い切って捨て去ったとき、その芯にある、大切な人を守るという「男」の本当のプライドが生まれてくるのかもしれない。

ちょっとくらい毒があったっていい

「最近の若い人は、何を言っても『はい』『ありがとうございます』ばかりで片付けるから張り合いがない。もっと自分の意見を持ってほしい」

という上司がいた。

それぞれの世代で育った環境は違うから、このズレは当然出てくる。「最近の若いものは……」という言葉が古代ローマの壁画にも出てくるという笑い話があるくらいだから、この世代間のギャップはいまに始まったことではないのだろう。

ま、それはそれとして、20代の草食系、ゆとり系と呼ばれる世代は、全体的にパワーが感じられない男が多いといわれる。

もちろん、すべてをひとくくりにして考えることはできない。その世代の中にも元気な男の子はいる。あくまで全体的に見ての話だ。

では、男がパワーを失っているのか？

エネルギーはないのかというと、まったくそんなことはないと言える。実際に僕の会社のスタッフたちや、僕の主催している知覧（鹿児島県）での研修には、エネルギーにあふれた若い男の子たちがたくさん集まってくる。それだけではない。講演やお客さんとの出会いの中で、本音で話していくと、どんどん目が輝きを増していく人がたくさんいる。

男が元気がないのではない。世代は関係なく、男なら誰しも「男のスイッチ」が存在する。

行きすぎた過保護な教育や社会の風潮の中でフタをされ、そのスイッチの場所が見えにくくなっているだけだ。

もしあなたが衝突を避け、自分の意見を押し殺しているなら、3回に1回くらいは、思い切って言いたいことを言ってもいいんじゃないか？　少々角が立ったっていい。それも個性だ。

何でもかんでも言いたいことを言えばいいというわけではないが、あまりに自分を抑えすぎていい人になると、残念ながら存在感がなくなってしまう。

もし、あなたの周りが事なかれ主義だったとする。皆の意見が一致しているなら、それはそれで万々歳だが、ある程度のところで「ちょっと待った」と言える人間は、少なからず一目《いちもく》置かれる。

これは不思議なもので、その人が品行方正に生きているかどうかは意外と別問題だったりする。

クラスの中に、1人や2人いる悪ガキでも、大事なところで「違うものは違う」としっかり主張すると、妙に信憑《しんぴょう》性があり、人がついてくることがある。

もう1つ例を挙げよう。

たとえばほとんどの人が右だと思っていることがあるとする。ちょっと違和感があったとしても、大概の人は「そうか、よくわからないけど右に行けば安全だ」と思って右についていこうとする。

しかし、こんなとき、必ずと言っていいほど、迷いなく左に進む人がいる。

周りがいようがいまいが、目立とうが目立つまいが、批判されようがされまいが、そんなの関係なく、自分の信念に従って歩いていく。こんなタイプはなぜか人の目を引きつける。

その人の中にある信念や自由な生き方が、人の心を刺激するのだ。

だから人間の心理は面白い。これが先ほども書いた不良性のパワーだ。

もちろんこれは行きすぎると社会から脱線してしまうが、ある程度のクセや毒は、定着するとスパイスになる。そしてその中にある信念が周りに伝わっていくと、男には不思議とカリスマ性がついてくるものだ。

何かに熱くなったことはあるか

あなたは何かに熱くなったことはあるだろうか?

何でもいい。寝食《しんしょく》を忘れて心の底から何かに打ち込んだことはあるだろうか?

周りが引いてしまうくらい全力をかけたことはあるだろうか?

こう聞くと、多くの人が「いいえ」と答える。

そしてその後に、こう続く。

「いまの時代にそんなに熱くなってもねえ」

「なんか、めんどくさくない?」

けれども、とくに若い頃は周りが見えなくなるくらい、何かに打ち込んでみるといい。

僕の場合で言ったら、兄貴分の柳さんの話のところで書いた中津祇園という地元の祭りがそうだった。

どれだけ打ち込んだかというと、高校のときから、どこに行くときも、祭りのビデオを持ち歩いていた。友達の家に行くときでも、自分の家にお客さんが来るときでも、ビデオを取り出して祭りのよさを人にプレゼンした。そして知り合いと別れたあとも、1人で祭りのビデオを見続けた。仕事でこれだけ商品を愛することができれば、営業マンとして絶対に大成していたと思う。

26歳のとき、東京から戻り、地元で起業した一番の原因は「祇園があるから」だった。祭りには不思議な魅力がある。地元の誰もが祭りのわずか4日間のために残りの361日を使うのだ。年中集まって飽きもせずに祭りの話を繰り返す。

その頃、ちょうど僕の仲間たちは結婚したばかりの人間が多かったのだが、奥さんたちはいい迷惑だったと思う。仕事で外に出ることが多くなり、世代交代も始まったため、30代に入る頃にはゆっくりとその熱は引いていったが、いま思えば、あれだけ熱中したからこそ、見えてくる世界があった。真剣だったがゆえにケンカすることも多々あったが、多くのことを祭りの中から学ぶことができた。

自分たちの思いが通らない瞬間。

1年間、みんなで成功のイメージをして、それが達成できた瞬間。

理不尽な上下関係。

あったかい人間関係。

チームのつくり方。

そして、モチベーションの上げ方。

挙げればきりがないが、祭りが教えてくれたことは、仕事においてもとても役に立つことばかりだった。いや、言い換えれば、場所が変わっただけで、いまも会社の中で引き続き祭りをやっているのかもしれない。僕の会社の幹部は皆、その祭りの仲間たちだから。

何かにとことん熱中していく中で人はたくさんのことを学ぶ。

部活。音楽。恋愛。すべてはそのときに全力を尽くしきったかどうかで、そのあとが大きく変わる。

中途半端だと悔いが残るし、力を出し尽くしたあとは、結果はどうであれ、さわやかなやりきった感が残る。そして前を向いて、次に進むことができる。

「熱くなれるものがない」という人もいるが、突破口は1つだけ。いまあなたの目の前にある、やるべきことだ。とくに男の場合は仕事だ。

仕事というのは不思議なもので、面白くないと思ってやると、永遠に楽しさはやってこないが、とりあえず集中していると、どんどん奥が深くなってくる。

仕事で熱くなれる男は幸せだ。社会に出れば、1日の大半を占めるのが仕事だ。これが面白いかどうかで人生の大半を無駄に過ごすか有意義に過ごすかが決まる。

人生で1度か2度は、すべてをかけて、目の前にあることに一旦集中してみてほしい。あなたが思うより早く、必ず道が開けてくる。

熱さの次に、あたたかさを知る

さて、熱さの話の続き。熱さには2種類の熱さがある。

1つは周りを力で巻き込んでいくような、わかりやすい熱さ。

この熱さの人は、声が大きく、身振り手振りも大きく、周りの人に有無《うむ》を言わせない迫力がある。

武道に「剛《ごう》と柔《じゅう》」という言葉があるが、これはまさに「剛」の熱さだ。そしてこの熱さは赤で表現される。しかし、いつまでもこの熱さは続かない。熱すぎると周りの人が焼け焦《こ》げてしまうからだ。

これに対して、もう1つの熱さがある。それは内に秘めた静かな熱さだ。

「剛と柔」で言えば「柔」の熱さということになる。これは炎で言うと、青い部分のこと。

火はいくつかの層でできていることはご存じだろうか?

外側を覆う橙色《だいだい》の部分の内側に、青く燃える部分がある。目には見えにくいが、じつはこの青い炎が一番温度が高いのだ。

これは男にも言えることかもしれない。わかりやすい熱さの時期、いろんな経験をすると、心が磨かれ、だんだんと熟練になってくる。

若い頃、とんがっていた人が、歳をとるにつれ丸くなっていくことはざらにある。

炎にたとえたが人間も同じで、これは丸くなったのではなく、芯がしっかりとしてくると、男は穏やかになる。

若い頃はわかってもらおう、登っていこうと必死で自分をPRしようとするが、山を1合目、2合目と登っていくにつれ、熱さを内側にくるめるようになる。

しかし、温度は若い頃より高くなる。

人に対しても、攻撃的だったものが、相手の立場や気持ちを理解して動けるようになる。

柔道でも空手でも、この「剛」と「柔」という言葉はよく使われる。

達人クラスになると、あまりにも自然体なので、向き合った瞬間に、「ひょっとしたら勝てるんじゃないか？」と思うほどだ。しかし、そう思ってかかっていくと、もうじつは相手の間合いに引き込まれていて、結局はあっさりと相手に転がされる。

人間関係も同じだ。

達人は静かだ。自分でワーワーと騒いだりしない。にこやかにうなずきながら話を聞いてくれる。

だからこういう人からは、熱いというより、あたたかい印象を受ける。だからつい話しすぎてしまい、結局はいつのまにか相手のペースにはまっている。

静かだが中身は誰より熱くて、相手に安心感を与える男。必要なときは周りを一瞬で引きつけるくらいの熱を発する。そして役割を終え、また静かな自分に戻る。うーん、かっこいい。

若い人にこの話をすると、「自分も、そんな男になりたいです」と目をキラキラさせて言う。

しかし、ここで注意点がある。

これは1度でも何かに熱くなったことがある男の話だ。

男としてよほどのセンスがある一部の天才以外、いきなり達人にはなれない。

最初は自分でも訳のわからないくらい熱くなり、周りを焦がし、人が離れていったときに、自分のやり過ぎに気がつく。そして直火は、周りをくるまれてストーブになり、周りを暖めることができるようになる。

そしてここまでやると、温度が高すぎるのだというマックスを知ったとき初めて、ゆっくり温度調節ができるようになる。いきなり適温は無理だ。

稲穂は実ってくると頭《こうべ》を垂《た》れる。これは実って重くなるからゆっくり下がっていくのだ。実る前からいきなり頭を下げていたら、これは病気の稲だ。若い頃は一度は天に向かってピンと伸びてほしい。

一生懸命伸びようとした剛の稲になれば、あなたはいつか必ず柔の稲になる。

いい酒が飲める男になれ

あなたは酒を飲むほうだろうか？　どちらにしても酒を飲むことは男の1つの仕事のようなものだ。

どの時代を振り返っても、男の世界と酒は切り離して語ることはできない。

僕は事業で講演、そして飲食店を1つの柱としてやっているかたわら、たくさんの人と酒を酌《く》みかわす機会が多い。

すべてとは言えないが、飲み終えて店を出るときに、来たときより元気になっていることがある。

それは「男」と飲むことができたときだ。とくに同じ志を持った「男」と出会えたときというのは、時間があっという間に過ぎていく。

うまく説明できないが、ただ大騒ぎして楽しいときとは違う、深い何かが共鳴し合ったときのうれしさは言葉では表現することができない。そんな男と過ごせる感動は、自分の中でずっと続く。

この逆で、まずい酒になることもある。たとえば社会に出たての若者が、酒を飲むにつれてだんだんタガが外れ、上下間の言葉遣いが壊れてきたり、「言わせてもらいますけど」と気が大きくなって元気を出し始めたりすると、その場所は一気に壊れる。学生のノリを引きずった失敗は1度や2度ならまだ許されるが、これを繰り返すのは性根のない話だ。

もちろん体質的に、酒に強い弱いはある。もし自分が酒で失敗するタイプだと知っているなら、ブレーキをかけながら飲むのも1つの礼儀だ。

酒に弱いことよりも、壊れる自分を知っているのに飲んでしまう心の甘さを大人の男は嫌がるのだ。

正直言って、男の世界には本当の無礼講《ぶれいこう》などない。その言葉に乗って本当に無礼に振舞うのだけはやめたほうがいい。

酒を飲むと、心のタガが外れ、潜在的《せんざい》なその人の本質が出てくる。「飲まなければ、いい人」というタイプの人がいるが、それは表面上我慢しているだけで、本当は心の奥にその人の本質が隠されているだけだ。

また、酒を飲んで愚痴を言うのも考えものだ。聞くほうもエネルギーを取られるし、疲れてしまう。

あるとき、久々に昔の友人と飲む機会があった。お互いの近況報告はさっさと済ませ、いろんな思い出や未来について語り、いつものように別れた。

あとになって共通の知り合いから聞いたのだが、じつはそのとき、彼の経営する会社は大変なことになっていて、家族もバラバラになりかけていたそうだ。

もともと骨のある男だったので、なんとかその状況を乗り切っていまは無事にやっているそうだが、そのとき、彼はそんなことをおくびにも出さなかった。

言ってくれれば何らかの協力ができたかもしれない。しかし、彼はそれを周りに感じさせることもなく、気丈に振る舞っていたのだ。すごいやつだと思う。

もともと彼は逃げない男だった。やんちゃ盛りに、他校生とケンカになったりすることもあった。その中で彼は特別腕力が強いほうではなかったが、仲間を置いて逃げ出したりすることはなかった。

彼がなぜ愚痴らなかったのか?

それは、自分の人生の責任は自分でとると決めているからだ。

もし自分がその立場に立たされたとき、同じことができるのかはわからないが、あらためて彼の芯の強さを尊敬した。こういう男と飲む酒は最高だ。

そう考えると、酒はいいものでもあるが、怖さも持っている。ここを知るのも大人の男になるということなのではないだろうか。

「男」の人間関係はあっさりと、そして強く

ケンカするほど仲がいいという言葉がある。しかし、これは男の世界では通用しない。

本当に仲がよかったら、ケンカなど滅多《めった》に起こらない。

自分の道を進むならともかく、仲良くなった人と一時たつと、同じパターンでトラブる男がいる。

原因は、だいたい1つ。

くっつきすぎなのだ。

富士山も遠くから見ればきれいだが、登ろうとすると、単なる岩山だ。近づきすぎると当然、粗《あら》が見えてくる。

たとえば知り合った誰かと、ときには一緒に仕事をすることだってある。

何かのプロジェクトを立ち上げることもある。

しかし、それが終わったのにいつまでも一緒では、やがて何かが起こる。ま、あまりにも距離が開きすぎるのも縁遠くなってしまうので、なかなか人の縁というものは難しいことではあるが。

最近はSNSが進化したことで、日本全国でコミュニティーフィーバーが起きている。

しかし、長く続くコミュニティーは少ない。人の心を一つにまとめ続けるのは、それだけ難しいことを表しているようだ。

「群居衝動《ぐんきょしょうどう》」という言葉をご存じだろうか？

これは人間の大きな欲求の1つに数えられる。おそらく群れをつくって狩りをしていた頃から培《つちか》われた人間の古い記憶なのかもしれない。

誰かと一緒にいたい。誰かと一緒じゃなければ寂しい。これは、本能だ。

しかし、ここを理性で凛《りん》とおさめて、しっかりと自分の道を歩いていくのが「男」だ。

ただ寂しさを埋めるためだけに人脈を増やし続けていったとしても、相手も寂しければ、共依存の関係が増えていくだけだ。

人脈が増えるのはいいことのようにいわれるが、じつはこうした裏の面も同時に持ち合わせることを覚えておいたほうがいい。

そのつながりにがんじがらめになって、スマホでSNSをいじり続ける生活になると、いつのまにか自分のやるべきことを見失ってしまうことにもなりかねない。

いい男、そして自分を磨き続けている男は、この理屈をよく知っている。

だから、1歩、しっかりと自分のスタンスと距離を決めて、たんたんとやるべきことに向かっていく。

人間関係の中に変な甘えがないのだ。

だから、仲のいい友人関係も長続きしていく。

大切なのはやはり、数ではなく質だ。ピンチになったとき、土壇場になったときにこそ、そんな「男」は、すっと登場して、役割を終えると、またいつのまにかいなくなる。

逆に、普通の男は土壇場になったらいなくなり、すべてが落ち着いたのを見計らってまた顔を出し始める。どちらが上質かは言わなくてもわかる。

ある意味、前者のような男は周りから見ると、最初は孤高《ここう》の狼《おおかみ》のように難しそうに見えるかもしれないが、大概は一人で独特の空気を放っているものだ。

本物の男と出会ってほしい。そして、いい関係を築いてほしい。

そして、あなた自身も、誰かに依存しすぎるのではなく、意志を持って自分の足でしっかりと立ってほしい。

映画でもそうだが、いい男同士の交わりは、日常ではなく、誰もいないＢＡＲなどでのシーンが多い。

そうやって考えてみても、たまに会って、お互いが元気でやっているかの確認程度の距離が一番うまくいくのではないだろうか？

昔の偉い人はこう言った。

「君子の交わりは、淡きこと水のごとし」

土方歳三《ひじかたとしぞう》の生き方に学ぶ

自分がトラブルを起こさなくても、トラブルが向こうから飛び込んでくることもあるから人生は厄介だ。

巻き込まれなくてもすむなら関わらないのが一番だが、そうでない場合もある。たとえばあなたの友人同士が争いになってしまったときなど。意外とこうした場は多い。

さて、あなたならそんなとき、どうするだろうか。

これはあくまで僕の考え方ではあるが、もうその場合は本当に大切にしたい側につくと腹を決めるしかない。いくら、それがあとで不利になったとしてもだ。

だいたいにおいて、争いに10対0はない。どちらにもそれぞれの立場での言い分もあるだろう。あなたが味方したほうに、結果として非があることもある。

しかし、そちらの味方をすると決めた以上は、最後まで味方だ。相手側との縁が切れたとしても、それはそれで覚悟するしかない。

土方歳三という人をご存じだろうか？

幕末に京都で結成された新撰組の副長だ。彼の生き方に男の在り方を教えられた人は多く、いまだに命日には墓にたくさんの人が集まる。新撰組は幕府御用達《ごようたし》の自警団のような存在だった。

結果はあなたもご存じだろうが、幕府は倒されることになる。そして、追いつめられた旧幕府軍と、維新《いしん》を成功させた薩長の新政府軍が衝突し、最終戦は箱館（現・函館）の五《ご》稜郭《りょうかく》だった。

次々と藩が寝返っていく中で、土方の決断は只《ただ》一つ。「我、幕府と生死を共にす」ということだった。

どれだけ周りが説得しようが、その決断は変わらない。

しかし、周りの仲間たちには、生き残ることを勧めていたという。

彼の生き方を「滅びの美学」と揶揄《やゆ》する人もいる。しかし、彼の潔さや信念は時代を超え、たくさんの男たちに影響を与えている。

こんな大きな話ではなくても、ビジネスや人間関係の中でも、こうした派閥《はばつ》による争いはいまもあちこちで起こっている。

このときに、情勢を見て、強いほうに加担する男であるのか、それとも、自分が信じた人と歩いていくのか、これで、その男の生き方は大きく変わる。

右へふらふら、左へふらふらと日和見《ひよりみ》で行くと、自分はその場を無事に切り抜けることができたとしても、その男の周りからは、本当の男たちは去っていく。

それならまだ、敵側であったとしても、腰を据えて戦った男のほうが評価ははるかに高い。

こうしたトラブルは、できるかぎり起きないほうがいい。

しかし、2択になったら腹を据えるしかない。土壇場でみっともない立ち居振る舞いをするのだけは避けたいものだ。

別れを恐れない

生きているといろんな出会いがある。幼稚園、小学校から始まり現在に至るまで、あなたは何人の人と出会ってきただろうか？

いい出会いがあるとうれしい。しかし、それぞれが歩んでいく道のりの中で、新しい価値観と出会うことによって、ちょっとした考え方のズレや進む方向の違いも同時に生まれる。

出会いの裏には同時に別れがあり、別れの裏に新しい出会いがある。

学生の頃の仲間というのが一番わかりやすいかもしれない。

社会に出るまでは、つき合いの幅にそれほど大きな年齢差はない。しかし、一歩社会に出ると、上は自分のおじいちゃん世代の人とまで関わることになる。新社会人とは、海千山千の魚たちのいる海の中に放り込まれる稚魚のようなものだ。当然、いいも悪いもいろんな影響を受ける。そして、その出会いの中で受けた影響によって人の考え方はどんどん変わっていく。

人は似た価値観、似た考え方の人と意気投合し、そして共に歩くようになっている。考え方が違う人は、やがて別の道を歩いていくことになる。つまり、別れが生じる。友人との別れ、恋人との別れ、コミュニティーとの別れ、会社との別れ。これは自然の成り行きだ。

この数ある別れの中で、成長する男が絶対に避けられないのは、それまでの自分自身との別れだ。これが一番勇気がいる。

いままで自分が信じてきた価値観。たとえば学生の頃、守られた世界の中で得た、つくり物の自信や勘違いとの別れ。間違えた道を進んでいた自分に気がついて方向転換が必要になったとき。

これはなかなか難しい。

新しい自分の生き方を進んでいくとき、いままでの自分が邪魔をしようとする。

「わざわざそっちの苦労の道に進まなくても、いまのままで十分だろ」と心の声がする。しかし、その甘えを振り切って新しい道に足を踏み入れなければ、新しい自分とは出会えない。何にせよ、別れを知ってこそ、そして乗り越えてこそ、男は一つ上の階段に上る。

岐路に立たされたとき、何を捨て、何を守るか？

寂しさもある。孤独感も襲ってくる。いくら自分の信じた道とはいえ、いままで一緒に歩いた人がいなくなると、それはそれでどうしようもなくつらい。

しかし、人の心というのは簡単に変わるわけではない。自分と違う道に進もうとする人を無理にこっちに引き寄せようとしても、結局は別れることになる。誰もが自分の好きな道を行くからだ。

そんなときはいくら孤独になろうが、寂しかろうが、1人で前に進むしかない。進む方向が同じ人間は、また、自然とあなたの周りに集まってくる。人は同じ考え方の人間と共に歩くようになっているのだ。

そう考えると、人生は魚の棲《す》む海に似ている。マグロはマグロたちのいる海に棲むし、鯉は鯉の棲む淡水に棲む。マグロを淡水に入れれば一発で死ぬし、逆もしかり。

しかし、唯一、魚と人間の違いがある。

考え方1つで人間はマグロにも鯉にもなれる。そして考え方は、そのとき、その環境の中で大きく左右されて変わっていく。

別れた人と、またひょんなことで出会い、意気投合することだってある。

別れはつらい。しかし、その別れのあとには、また新しい出会いが必ずやってくる。そう考えると、別れというのは、また新しい出会いの始まりの儀式だと捉えることもできるのかもしれない。

僕もたくさんの出会いと別れを経験した。そのときに、大恩人がいつもこう言ってくれた。

「迷うな。自分の信じた道を行け」

男の仕事人生45歳レース説

商売を始めた頃、僕の大恩人が面白いことを言っていた。

その人は競馬が大好きな人で、Ｇ１の頃にはいつも競馬新聞を持って歩いている社長さんだ。ギャンブルというより、自分の愛した馬が1位でゴールゲートを切る瞬間がたまらなく好きらしい。だから馬券も、勝ち負けではなく、自分の好きな馬にかける。

「自分はギャンブラーではなく馬に対しての投資家」と言い切る面白い人だ。

ということで、生き方をよく馬にたとえて話してくれる。

「あのな、仕事って競馬なんだよ」

「え、そうなんですか？」

「競馬ってのはな、第４コーナーまであるんだよ。これが仕事人生にたとえると、ゴールゲートが45歳」

「それって根拠あるんですか?」

「ま、いいから聞けよ。あのな、だいたい22歳で就職するだろ。ここはまだレースにはならないんだよ。そしてな、社会人になってだいたい3年。ここらへんからレースがスタートするんだよ。

まずは第1コーナーが30歳くらいまでな。先行型の馬はここらへんでスタートダッシュをかけるんだ。20代のうちに名前が出てくる人間はだいたい、このタイプだな」

ここからは会話文ではまとめきれないので、聞いたことを書かせてもらう。

そして30歳を過ぎた頃から、男は社会人として周りから認められ始める。そして、ゆっくりと差がついてくる。成功や失敗を一番繰り返すのがこの時期らしい。しかし、まだ失敗も許される。

このときの経験が後半のレースを大きく左右することになる。これが第2コーナー。

そして、35歳くらいから、出世するかしないかの明暗が分かれ始める第3コーナーに入る。この時期からは上と下に挟《はさ》まれる中間管理職世代に突入する。前半戦で器や人間力を鍛えた男たちがゆっくりとピッチを上げ始める。先行逃げ切り型で、飛ばしすぎて体力を使い果たした馬が失速し始めるのもこの時期だということだ。

そして40歳。ここからの5年間が第4コーナー。こんどは社会人としてだけではなく、一人の男として、社会的に名を上げることができるかどうかの時期になる。その社長いわく、ここから大好きな勝ち方をする馬が登場するらしい。差し馬というやつだ。

第4コーナーになると、そのレースのすべてをかけてどの馬もスパートをかける。体力を使い果たした馬は、次々と先頭争いから消えていく。

社長はこう語った。

「最後の直線でな、内ラチ側（競馬場のコースをつくるガードレールのようなもの。その内側）で馬群がひしめき合うんだよ。でもな、その逆の外ラチから、馬群を避けて一気に突っ込んでくる馬がいるんだよ。これ、大外一気《おおそといっき》って言うんだけどな」

「なんかそれ、かっこいいですね」

「おう。これが美しいの。ある意味、第3コーナーまでは、いるかいないかわからないところにつけといて、ノーマークで大外から上がってくるんだよ。そして1着でゴールを切る。内ラチで競っていた馬たちは何が起きたのかわからないんだよ。かっこいいよな。まず初めは男の仕事人生、45歳が一区切りだ。そしてその後は次世代の育成へと進むんだよ。茂久、おまえはスタートしたばっかりだから焦って飛ばすな。ゴールはまだ先だ。でもな、最後に1等になれよ」

この話を聞いたのは25歳のときで、めちゃくちゃ熱くなったのを昨日のことのように思い出すが、もうすでにあれから19年近くが経ち、いよいよ第4コーナーの最終直線が見えてきた。

誰もマークしていない大外から一気にゴールを駆け抜ける。こんな馬は美しい。

あなたはいま、どこのコーナーにいるだろうか？

そして、どんな走り方をするのだろうか？

第6章

大切な人を守るということ

自分の足で立つことから、すべてが始まる

「大切な人を守る」

「大切な人を喜ばせる生き方をする」

日本人が古くから培ってきた心構えを僕は「フォー・ユー精神」と名づけ、講演を通して、この精神のすばらしさを伝えさせてもらっている。


人を思う「フォー・ユー」、自分中心の「フォー・ミー」。どちらのスタンスで生きるかで、人生は大きく変わる。


とても便利なので、ぜひこの言葉を覚えておいてほしい。

ここでつけ加えておくが、僕自身、フォー・ユーの境地まではたどり着いてはいない。

フォー・ミーな自分自身に頭を抱えながら、フォー・ユーを目指して精進中というところ

だ。

このフォー・ユーを目指し、伝えていく中で、いろんな人に出会い、たくさんの質問をいただくようになった。その中でも一番多いものの1つは、「まず自分ができるフォー・ユーは何でしょうか?」という問いだ。

ここで僕は、2つ答えさせてもらっている。

まずは自分自身がしっかりと働き、自分の生活は自分で維持《いじ》できるようになるということ。つまり経済的に自立するということだ。

人を喜ばせることはとても大切なことだが、その中で、まず一番に喜ばせる、安心させるべき人は、自分の一番身近にいる両親や、結婚している場合は妻や子どもだ。

どれだけ大きなことを考えようが、やりたいことがあろうが、そこの土台になる部分がぐらついていては、足元を崩《くず》されて終わってしまう。

まずは家族、そして共に働く仲間に迷惑をかけないこと、そんな自分を目指していくことが一番のフォー・ユーだ。

自分自身がしっかりと立っていないのに、人を支えていくことはできない。これは自分が泳げなければ、溺《おぼ》れている人を助けられないのと同じことだ。

大切な人を守っていくために、そして自分の目標をしっかりと達成していくためにも、まずは自分を経済的にしっかりと自立させること。それが一番初めに取り組んでいくことなのだ。


そしてもう1つ、それは精神的な自立。


学生時代までは親や周りが守ってくれるから、「なんとかなるさ」で乗り越えていけるかもしれない。しかし、社会はそんなに都合よくできてはいない。

周りに親はもういない。どうしても、その甘えから抜け出せないでいると、何かに依存したまま生きていくことになり、その依存心が満たされないときは、「会社が悪い、世間が悪い、同僚が悪い」と自分以外のせいにする習慣がついてしまう。

できるかぎり、何かに依存することから抜け出し、自分の力で、そして自分の責任で人生を切り開いていくという責任と覚悟を持ってみないか？

依存しすぎると人は弱くなる。周りが依存体質で生きていればいるほど、あなたは輝きを増していく。自分の足で立つ。それがまず一番最初の「フォー・ユー」になる。

フォー・ユー論は人を裁く武器じゃない

「フォー・ユー精神」という考え方に出会い、そして伝えていく中で、何度も頭を抱えたことがある。それは「フォー・ユー」という価値観で、人を裁く人が出てきたことだ。

正直、100%相手のことを考えて生きていくことなど、人にはできない。

当然自分自身のことは誰だって考える。

ともすれば、多くの人があまりにも自己中心的な自分自身になりがちだ。

少なくとも僕自身はそうだ。正直、自分のご都合主義さ加減に嫌気《いやけ》がさすことだって何度もある。

しかし、それだといつまでたったって、いい人生は送れない。やはり、男という生き物は、自分の周りの人を幸せにして、また自分の大切な人をしっかり守れるようになって初めて、自分の価値が高まるようにできているようだ。これは自己犠牲論ではない。自分のことを考えてはいけないということではない。

自分のこと「だけ」しか考えない生き方に問題があるということだ。

だから、初めに一番大切なこと。それは、「自分のフォー・ミーさをしっかりと自覚する」ということだ。

僕は生徒会長をしたこともないし、正直、そんな優秀な人間ではない。

いまは元気にがんばってくれるスタッフたちも、働き始めた当初は未来に夢も希望も持てない、自分に自信などどうやって持ったらいいのかわからない、人づき合いもうまくない、自分という「我」に縛られまくっていた、そんな状態からスタートした。

まあ、いわば世の中で言われるところの「問題児」の集まりだった。

自分もそうだったからよくわかるが、自分の器が小さいと、とにかく、「自分自分」という我が登場する。引いたら負けるように思い込む。だから当然人と衝突する。そんな連鎖の中にいた。

そんな僕自身に、大恩人さんたちが教えてくれたこと、それが、「人を大切にし、大切な人を守るために生きる」という、「フォー・ユー精神」だった。

これは驚くほどの効果をもたらしてくれた。

「フォー・ユー」がいまできているかというと、「はい！」と胸を張って答えることはできない。

しかし、「こんな自分だけど、少しでも人の役に立ちたい。大切な人を守りたい」と思うだけで、人生が大きく逆回転を起こし始めたのだ。

最近思うのだが、どうやら人は、誰かを守りたいと思った瞬間に強くなれるようだ。たくさんの実験をしたが、おそらく、これは間違いない。

ただしこれはあくまで「自分責任論」だ。

自分を振り返り、そして自分の行動指針にするために、この価値観は存在しているのだ。

人がそう行動しないからといって裁くことなんか、本末転倒だ。

そもそも人は人を裁けるほど偉くない。どんな人でも残念ながら間違いを起こすことはある。

そしてこれは不思議だが、行動自体に「フォー・ユー精神」が染《し》みついている人に限って、「自分はまだまだ未熟なんです」という。

謙遜《けんそん》ではなく、本当にそう思っているから、さらに自分を磨こうとする。

逆に、「あなたはもう少し人のことを考えたほうがいいんじゃない？」と思う人、つまり行動の中で「フォー・ミー」が染みついている人ほど、自分は人のために生きている立派な人なんだと思い込んでしまい、上から人を裁く。

どう見ても立派に生きている人に、自分勝手な人が、「おまえ、そんなフォー・ミーだからうまくいかないんだよ」と説教している姿を見ると、なんだかせつなくなってしまう。

人に説教をすればするほど、その人が周りから笑われることになる。

これではまるで落語のような世界だが、現実だ。まあ、自分がすでに立派な人間だと思い込んでいるから人を裁けるわけだし、そう思い込んでいたら聞く耳など持たないから、ある意味幸せな人ではあるが、周りはとても迷惑する。

自分の立ち位置、そして自分の性質をきちっと見えていない男はこっけいだ。

わがままなところだってある。自分勝手なところだってある。それが人間だ。

しかし、だからといって、そのわがままさに居直ってしまうのか、それとも、少しくらい人の役に立とうと思うのか、その違いで人生は大きく変わる。

「男」を目指していくのなら、せめて人から笑われないくらいには自己分析できる、そんな自分を目指したいものだ。

フォー・ミーである自分を知る

「フォー・ユー論―利他のすすめ」を伝えるようになってから、ずいぶん経つ。

これはあくまで心のスタンスのことではあるが、自分本位の「フォー・ミー」から、相手の気持ちを思いやり、大切にする「フォー・ユー」を目指し始めただけで、周りの人の反応や、会社の空気、そして自分の人生が大きく変わったとたくさんの人から喜びの声をいただけるようになった。

ただ、こんな声をいただくこともある。

「周りのフォー・ミーさが気になって仕方ありません。自分のようなフォー・ユー人間は傷つくことが多いのではないでしょうか？」

この人の言葉には一部、誤りがある。何が間違っているかといえば、それは「自分のようなフォー・ユー人間」というくだりだ。

自分のことを「フォー・ユー人間」と思い込んでしまうと、どうしても人を裁いてしまうし、あとが苦しくなる。それに何があってもフォー・ユーなんて、神の領域だ。人間はそこまで強くはできていない。

人間は愛とエゴでできている。どんな人にも優しい気持ちはあるし、その逆にどうしようもない自分勝手な一面もある。うまくいっていない人のことを心配する反面、うまくいっている人を恨んだり、嫉妬したりしてしまう。どちらかというと、エゴのほうが勝っているかもしれない。

「自分はフォー・ミーだ。油断するとエゴが出ちゃうから、少しだけ意識して、相手のことを考えることができる人間を目指そう」

これくらいのスタンスが、一番正直で入り口としてはお勧めだ。

つまりフォー・ユーを志していく第一歩は、自分がフォー・ミーな人間だということを自覚することから始まるのだ。

「フォー・ミーだからって何が悪い」と居直って生きるのか、「フォー・ミーだけどフォー・ユーを目指そう」と生きるのか、これで人生は大きく変わる。

とくに男は土壇場でこの2つの感情が試される場合が多い。ふだん、どれだけ人に深切《しんせつ》にしていても、いざというときにフォー・ミーが出てしまうと、周りはがっかりするが、この逆、普段は可もなく不可もなくでも、いざというときに相手を思い、力になれる男は一気に株が上がる。

起こることは、すべて天からの試練

土壇場での男の生き方について書いてきた。

できれば平穏無事に過ごせれば、男の人生言うことなしだが、そうもいかない。

ただ、1つだけ困難を避けていく方法がある。

それは、「困難よ、どんと来い」という覚悟だ。

たとえばいじめの問題がある。

この世の中に、起こしていいいじめなど本来は存在しない。しかし、これはいつの時代にも絶対に起こる人間の性《さが》かもしれない。

かわせればかわしたほうがいいが、どうしても逃げられない場合もある。そのときは「もう逃げない。来るなら来い」と覚悟することだ。

やられ続ける人には共通点がある。それはどうにかして、そこから逃げる方法を考えたり、相手にへつらったりするということだ。しかし、これは逆効果になる。

なめられると、さらに相手の攻撃が大きくなるのだ。

そうせずに、すべてを受けとめる覚悟で行くと、相手のほうから避けていく。

腹が据わった人間はめんどくさい。ある意味なめられているからいつまでもいじめはなくならないのだ。

ほかにもよくある話で、職場の人間関係にも同じことが言える。

転職の理由の8割は人間関係だ。職場が嫌で転職を繰り返す人がいるが、不思議といくら転職しても、次の職場でまた同じことが起こる。それどころか、以前より、さらにひどい人が目の前に出てくることもしばしばある。結局どこかで向き合うしかないのだ。

嫌な人との出会い。これは天から与えられた試練だと思うといい。同じ職場でこうした人と会ったときは、天に試されているのだ。

もしここで、その人自身が気にならないくらいまで自分を高めることができれば、試験クリアだ。次に同じようなことは起きなくなる。

1つずつクリアして次に進むロールプレイングゲームのようなものだ。

課題が与えられる。そこで逃げずに立ち向かってクリアすれば、次に上がれる。

「起こることは自分への試練」

こう考えると、伸びる男はどんどん伸びていき、止まる男はいつまでもその場で同じことを繰り返す。その差は大きい。

運にも同じことが言えるかもしれない。困難が来ないように避けたり、安全な道ばかりを求めていくと、不思議だが不運が雪だるま式に大きくなって、結局はドツボにはまることが多い。

難局を乗り切るのなら、すべてを受けとめる覚悟をすることだ。

そうすれば、光が見えてくる。そもそも、人生に多少の波乱はつきものだ。

波乱が起こらないと思っているほうが非現実的だ。起こって当たり前なのだ。

有事を常に想定しておけば、平時のうちに備えができる。

自分のやるべきことから逃げない

いまでこそ、こんなことを書かせてもらっているが、僕にもそんな時期があった。

問題を直視せずに人のせいにして、逃げていた情けない自分。恥ずかしい話ではあるが、あなたの1つの参考になればいいので、恥を忍んで書かせてもらうことにする。

いまから15年前、大分県中津市に「陽なた家」という、100席のダイニングレストランをつくった。当時28歳。3坪のたこ焼き屋から身を起こし、そんな大きなお店を始めたということで、いきなり周りからチヤホヤされ始めた。近所の社長に呼ばれて、人様の前で講演の真似ごとみたいなものを始めたのも、この頃だ。

そして29歳のときに、車で30分くらいに位置する、隣の宇佐市に同じスタイルの2号店をつくった。

「これで売り上げが倍になる」と見込んで出したのだが、この店がうまくいかず、経営は一気に火の車になった。たこ焼き屋の頃からの創業メンバーの1人を店長にしていたので、僕はいつも彼を責めていた。

「笑顔が足りない」

「サービスレベルが低い」

「店長であるおまえの責任だ」

こうやって彼のせいにしながら、僕はいろんな会に呼ばれて講演をすることで、気持ちをごまかしていた。宇佐店のことを考えると、心が暗くなるので、やがてその店には足を運ばないようになっていった。臭《くさ》いものにはフタをして、近づかない、見ないようになっていったのだ。そして1年が経った頃、いよいよ、その2号店の売り上げは最悪になり、赤字転落をし、撤退《てったい》を決めた。

孤軍奮闘《こぐんふんとう》していた店長を呼んで、そのことを彼に伝えると、彼は「自分の責任です。もうちょっと時間をください」と涙ながらに語ったが、僕はそれを聞き入れなかった。

この宇佐の店は僕の地元の大恩人である、米屋の藤本照雅社長（僕たちはテル社長と呼んでいるので、ここからはそう書かせていただく）という人の紹介で出店が決まった。ということで、テル社長のところに報告に行った。

状況を説明し、撤退の決断を伝え終わったところで、テル社長が僕にこんなことを言った。このときの話が、いま思えば、僕の人生の岐路になったと思う。

逃げないと決めた瞬間に道は開ける

「ま、おまえがそう決めたならそれでいいんじゃねえか」

大恩人のその一言にホッと一息して、お茶を飲んでいる僕に、テル社長の意外な言葉が飛んできた。

「ただ、おまえには、商人として、リーダーとして、ま、何より男としてがっかりだ」

僕にはその言葉の意味がよくわからなかった。カチンと来たので、僕はテル社長につっかかっていった。そんな僕を冷静に受けとめながら、テル社長は静かにこう聞いた。

「茂久。おまえ最近、宇佐の店にいつ行った？」

もうその時点では3ヶ月は行っていなかったが、一応、2週間前に行ったと適当に答えた。

「嘘つけ。1週間前に宇佐に行ったら、店長が『しげ兄は数ヶ月来ていません。僕が売り上げを上げられないから来てくれないんです。テル社長、すみません』って言っていたぞ」

がーん、バレバレ。この期《ご》に及んで嘘をついた自分が恥ずかしくなってしまった。そんな僕にテル社長はこう続けた。

「一番きついところをスタッフに任せっきりにして、おまえは講演だ？ 社会活動だ？ そんなもん100年早い。そんなの弾《たま》の飛んでこないところで、スタッフたちを敵地に突っ込ませている腐ったリーダーと同じだ。ホントおまえにはがっかりしたよ」

悔しくて歯を食いしばる僕に、テル社長の話はさらに続いた。

「おまえが現場に入って、原因を追究して、それでもダメで撤退するならまだわかる。でもおまえは何もしてねえよな。手も汚していない。おまえな、ここで逃げたら、このあとの人生、すべて逃げ続けになるぞ」

「じゃあどうすればいいんですか？」

「まだわかんないか？　んじゃ言ってやる」

一息ついて、テル社長がこう言った。

「逃げるな。もっと泥にまみれろよ。スタッフに来る泥は全部おまえがかぶってやれ。それがリーダーとしてのおまえの役割なんじゃねえか？」

テル社長の事務所を出て、店に戻ると、宇佐店の営業を終えて、中津の本店に戻ってきた宇佐の店長の姿があった。

「社長、今日もこれだけしか売れませんでした。すみません」

そうやって、自分の責任として一生懸命なんとかしようとしている彼の姿を見て、自分が情けなくなって、涙が出てきた。

それと同時にテル社長の「逃げるな」という言葉が頭に鳴り響いた。

いままでの自分の思いを話し、彼に頭を下げて、自分が現場に戻っていいかと確認した。

正直何を言われても受けとめようと覚悟していたが、彼は、すごくうれしそうに、

「社長、帰ってきてくれるんですか？　うれしいです。でもせっかく講演も増えてるのに大丈夫ですか？」

と聞いた。

その日を境に、僕はすべての講演の予定をキャンセルして、宇佐の店に入ることにした。戻るといろんな問題点が見えてきた。そして、ダイニングから居酒屋へ業態変更。名前は「桜」にした。するとどんどん売り上げが伸びた。

そして、その勢いが増し続けていた頃、地元、中津の商店街にとてもいい物件が見つかり、移転。その移転先、居酒屋「夢天までとどけ」は、スタートから宇佐の居酒屋の2倍の売り上げを上げ、そこから僕たちの会社は完全に復活した。

そして、数年後、店が軌道《きどう》に乗った頃、スタッフたちから、「もう店は俺たちに任せて講演に行ったり、本を書いたりしてください。現場は大丈夫だから外から来た仕事をがんばってください」と、半ば現場を追い出されるかたちで、執筆&講演活動を再開。ありがたいことに、そこからは飲食店のほうは、1度も業績が落ちずに好成績を出してくれている。

もし、あのとき、テル社長の言葉がなかったら、確実に僕は会社をつぶしていたと思う。

そしていま、こうして講演や本を通して、たくさんの人と出会うことはなかった。何よりも、いま、僕の周りにいてくれるスタッフたちとの出会いもなかっただろうと考えると、あの言葉は僕にとっての「天の声」だったのだと思う。

人のせいにして逃げると、その場はなんとか収まるかもしれないが、その土壇場から逃げ出すと、さらに大きなトラブルがやってくることになる。

逃げそうになっても、どこかで踏みとどまってほしい。

その一歩を踏みとどまった瞬間から、あなたの人生はかならずゆっくりと、確実に、そして大きく変わっていくことになるから。

純粋に人の幸せを喜べるか？

僕の大尊敬する夏川和也さんという人がいる。この方は自衛隊出身で、最後は自衛隊の頂点、統合幕僚会議議長という国防の大役を果たされ、退官して海上自衛隊のＯＢ会である水交会の会長をされていた。簡単に言うと、人生のすべてを国防に捧げられた方だ。

夏川会長とは僕が鹿児島の知覧で毎年開催させてもらっている研修の関係で出会った。上京した際、ときどきお時間をいただくことがあるのだが、いつも物静かで、あったかい方だ。「本当にこの人が国防の頂点だったのかな？」と思ってしまうくらい、ふわっとした空気をされている。

その夏川会長が水交会の近くにある表参道の喫茶店に連れていってくださったとき、こんな話になった。

いまの日本は自衛隊に対して、賛否両論が分かれる。そのことについて質問してみたら、夏川会長が外を見ながら、こんなことを言われた。

「永松君、日本っていい国だよなー」

「あ、そう言われればそうですよね」

「もちろん自衛隊に対してはいろいろな考え方があるよね。でもね、それはともかくとしても、自衛隊にいる人間は多かれ少なかれ『自分がこの日本を守る』っていう、はっきりとした使命感を持っているんだよ」

そう言われたあとに間を置いて、ふっと窓の外を見ながら、こう言われた。

「いま、目の前を通る若い人たちや子どもたち。この人たちはまず間違いなく僕のことを知らないと思う。でもね、この人たちの幸せそうな顔を見るだけでうれしくなる。この人たちのために何ができたのかはわからないし、直接『ありがとう』って言ってもらったこともそんなにはないけど、日本人の幸せを守るために命を使えたんだと思うと、我ながらいい人生だったと思うよ」

夏川会長はなにげなく言われたが、正直、聞いた僕はしびれた。涙が出そうなくらい感動した。しかも、統幕議長を務め上げた方の、この一言は、重いどころの話じゃない。こんなことが言える生き方がしたいと思った。

これは不思議なことだが、人が成功したとき、本当の意味でその人の成功を助けた人に限って、「俺がしてやった」とは言わない。どちらかというと、スポットライトを浴びるその人を一番後ろのほうで、目を細めながら静かに拍手しているものだ。

逆にそこまで力になっていない人のほうが、成功したあとに、前に出てきて「彼は成功すると思っていたよ。あのね、僕も、じつは彼にこんなことをしてあげたことがあるんだよ」と自慢げに語ってくる。

前者と後者では、正直、男としての深さや格が違う。かっこよさが違う。

いい男は協力する相手のことだけを考え、そして彼が成功したことに関わった充実感を自分の中で深く噛み締める。だから潔い。そして美しい。純粋に人の幸せを願うことのできる男の輝きは、本人が主張しなくても、わかる人にはわかるのだ。

エピローグ――男でありたいと願う、すべての男たちへ

サムライ系という生き方があったっていい

「大切な人を守る覚悟」
「土壇場で逃げない胆力《たんりょく》」

「誇り高く生きる」

男の条件として、この3つを中心に書いてきた。「胆力」とは、尻ごみしない精神力、ものに動じない気力を表す。

難しいと思うだろうか？　そう思った人もいるかもしれない。こうやって書いてきた僕自身もまだまだ修業中の身だ。

しかし、実際にいままでの日本の歴史の中に、この3つを教訓として生きた人たちがいた。

もう気づいたかもしれない。

男の条件。それは「サムライ」だ。


ずっと伝え続けてきた「フォー・ユー精神」という言葉、男性限定でいうと、それは「サムライ精神」なのだ。

日本にはたくさんのサムライたちがいた。それは時代によってかたちを変えながら、脈々といまも存在している。

そしてその歴史は長い。平安末期に出てきた武家の台頭に始まり、鎌倉、室町、戦国、安土桃山、江戸、そして幕末から明治維新。日清、日露戦争を経《へ》て、第1次、第2次大戦。そして戦後、サムライたちは武器をパソコンへ、馬は車へ、そして、鎧や軍服はスーツに変えた。

日本という国の文化、背景の中で、サムライの存在は欠かすことができない。

どれだけのときを経ても、サムライは男として、人を大切にし、土壇場で力を発揮《はっき》してきた。そして不思議だが、人生の道を歩いていく中で、サムライはサムライと必ず出会う。まるで、生まれる前から約束していたかのように。

そして事を成し、またそれぞれの道を歩く。常に自分が人に何ができるのかを無意識のうちに考えているが、ふだんはかたちを表さない。

どちらかというと、いまのサムライは表現しない分、その存在がわかりにくい。

そして、サムライという言葉を使うと、「我慢の連続」「斬《き》り殺し合い」という想像につながる可能性があるから、他の言葉を探してみたが、どうもしっくりこない。

しかし、時代は変わった。

企業の変遷《へんせん》を見てもわかるが、大が小をつぶすパワー社会には限界が来ている。

つぶし合いの時代は終わり、こんどは「いかに人を活かしたか」が基準になってきた。サムライたちのつぶし合い合戦から、サムライたちの活かし合い合戦が始まったのだ。とはいえ、時代は一気に変わるわけではないから、まだまだ時間はかかるが、やがてサムライたちがぞくぞくと登場するときが来る。

そしてもう1つ。サムライの生き方は一見、きつそうに見えるかもしれない。大切な人のために自分を犠牲にしているように見えるかもしれない。「守る」と決めると、「守られたい」という人がたくさん集まってきて大変になると、あなたは思うかもしれない。それが定説ではあるが、実際は違う。

いつの時代も類は友を呼ぶ。「守る」と決めた男の周りには、同じように「守る」という志を持った男たちが集まるのだ。

そして人を助けていく。そこに依存関係はない。それぞれが自分の足で立っているから、支えこそすれ、支えられるという意識はないのだ。

人間の性かもしれないが、調子のいいときは周りに誰でも集まる。いや、調子のいいときは、おいしい汁を吸いたい人間が集まりやすい。

しかし、ピンチのとき、土壇場のときになると、その人たちは蜘蛛《くも》の子を散らすように去っていく。そのときこそ、人の支えになれる男がいい。

順調なときではなく、逆境のとき、つらいときにこそ、そばにいてくれる、そんな男はやっぱりどう見てもかっこいい。

いまはまだサムライでなかったとしても、あきらめる必要はない。

いま、どんな立場にいても、まだまだ芽が出ていなくても、男として生まれた以上、誰の中にもサムライの遺伝子はある。あとは磨くだけだ。

「大切な人を守る」
「土壇場で逃げない」
「誇り高く生きる」

この3つの男の条件を持って生きている男、サムライはこの日本には必ず存在する。

そういう目線でよく見てみると、いま、あなたの近くにも、そんなサムライがいるかもしれない。もし、そうなら、次はあなたの番だ。

草食系、肉食系、いろんなジャンルが存在するが、伝統を継ぐ「サムライ系」。そんな言葉が出てきたっていい。

男がぬくぬくとできた時代は終わった

戦後、たくさんの先人たちの汗のおかげで、日本は世界有数の経済大国になった。

そしてバブルを迎え、日本中がパラダイス状態になり、数年でその世界は終わった。そして、バブル崩壊後、日本はまだ立ち直れていないカオス状態の中にいる。

男の生き方も、その歴史と並行して、進んでいるような気がする。

いつからか、「男は弱くて女は強い」、そう言われるのが当たり前になった。

しかし、男には男にしかできない役割があり、女には女にしかできない役割がある。どちらが強いのかをいちいちはっきりさせる必要などない。

これはサッカーと野球とで、「どちらがたくさん点を取ったのか」を競うようなものだ。

歴史を振り返ると、男性が前面に出た時代、そして女性が前面に出た時代とあるが、これには1つの法則がある。

とくに外側から何も脅威《きょうい》を感じることがない、つまり平和な時代は、女性を中心とした文化が隆盛《りゅうせい》となる。

そして、激動の時代、混乱期になると、男たちが強くなることが必要とされてくる。

いまは完全に混乱期に入った。

ということは、男たちがぬくぬくとさせてもらえる時代は終わったのだ。

もういい加減に女性に甘えるのはやめなければいけないときにさしかかっている。教育だってそうだ。女性の社会進出が盛んになってきた1980年代後半から教育も変わってきた。女性の意見が通りやすくなるということは、当然母性が優先されるということだ。いい悪いではなく、そうなのだ。

すべてではないが、男性と女性の考え方は違う。これは脳科学的にも証明されている。

「転ばぬように」と母性が願うのに対し、「転んだらわかるさ」というのが父性だ。

これもバランスだが、あまりにも父性が影を潜めてしまうと、自分の頭でものを考える子どもが減る。なぜか。最初から手を差し伸べてくれるから、考えなくても十分に生きていけるのだ。

しかし、社会はそんなに甘くない。

だから入社してすぐに、少しの嫌なことで会社を辞め、「自分は何をやりたいのか？」「自分の好きなことだけをしたい」という、子どものわがままが社会を悩ませる。

怖い親父に、「嫌なことだってやらなきゃいけないこともある」とたまには抑えつけられ、我慢させられることも知らないと、子どもの未来も危ない。やはり、これもバランスだ。父性と母性はどちらも同じくらい大切なのだ。

さあ、これからは激動の時代の始まりだ。

というより、すでに始まった。

とくに男は、これからは自分の意志で、自分の考えで人生の舵《かじ》を取ることが必要になってくる。

強くなれれば、ではなく、物心ともに強くなければ生きていけない、そして大切な人を守るためにも男を磨かなければいけない時代が来たのだ。

天が味方する男の条件

40歳も過ぎて、笑われるかもしれないが、僕は『ONE PEACE』というマンガが好きだ。意外と僕の同世代にも、この隠れファンは多いし、これについての話は酒の場でもとても盛り上がる。

『ONE PEACE』は「ひとつなぎの大秘宝」と呼ばれる宝を求める海賊たちの物語だ。

あのマンガがたくさんの人に愛される理由の一つに、登場人物の各人の魅力が挙げられる。

普通は悪役が出て、主人公が倒して、結局周りは脇役で……という展開が多いのだが、『ONE PEACE』はそれぞれの主人公クラスの人生がクロスする、連作型の物語だ。

ひょっとすると、これからさらに時代の本筋の流れとなる、大航海時代ならぬ、「大表現時代」をうまく表しているのかもしれない。

インターネット、SNSの出現で、個々の表現欲求が天井《てんじょう》知らずで上がってきている、そんな時代が始まった。いずれにせよ、そんな時代の中で、『ONE PEACE』がこれだけ愛されている理由はおそらく何かあるから、一度読んでみてほしい。

ま、それはそれとして、この物語には、ど真ん中を貫く一本の筋がある。それは「Dの意志」と呼ばれる。

物語の中で、まだはっきりはしていないが、古くから流れる何かの意志なのだろう。しかし、マンガだけではなく、実際のいまの日本にも、脈々と流れる日本人独特の意志がある。僕は勝手にそれを「Jの意志」と呼んでいる。

有名無名にかかわらず、この日本を守ってきた、サムライたちの「遺志」だ。命は滅びても魂《たましい》は残るといわれる。もちろん、これはスピリチュアルな世界なので、本当かどうかは死んでみないとわからない。

しかし、最近、僕は信じている。残念なことに霊感がないので、その存在が何なのかはまったくわからないが、目に見えない世界の壮大《そうだい》さを感じるようになった。

そして、1つひとつ歳を重ねるたびに、とくに思う。

「不思議な何か？」は必ず見ている。

それを神と呼ぶ人もいれば、天と呼んだり、サムシンググレートと呼ぶ人もいる。呼び方は人それぞれだが、歴史の中で、人類がずっと追い続けた目に見えない何か、これを一概に否定することは僕にはできない。

ただわからないなりに、たったの1つだけ、確信していることがある。

その「何か」は、自分の損得ばかりを考える男にはそっぽを向く。

その「何か」は、最終的には自分以外の誰かを守ろうとする、そんなサムライを選んで力を貸す。

サムライは死なない。生まれ変わってまた国を、そして大切な人を守る。

最後はえらくファンタジーのような締めになってしまったが、せっかくなので言い切ることにする。


時を超えてよみがえれ、現代のサムライたちよ。

本書は、２０１４年に小社より刊行された『男の条件―こんな「男」は必ず大きくなる』を「Kizuna Pocket Edition」として再編集したものです

おわりに――終わりのないテーマ

読書は何度も繰り返すと価値が出る。そして、そのときの自分の置かれた状況で内容が違ったものに見える不思議なツールだ。おそらく時間がたつと、最初に読んだときと違う目線で読めるはずだ。

あなたが人生の岐路に立ったとき、なんとなく読み返してみる、この本がそんな存在になってほしい。こんな思いを込めて本書を書いた。

本を書くときには、いつも、つい書きすぎてしまう。それを編集して、1冊の本にまとめるのが、僕の最近のやり方になっている。

たとえ削られることになっても、自分の思いはすべて書き込む。そのうえで、そこからそぎ落としていくわけだが、それでも書き上がったときには心地よい充足感だけが残る。本を書き終えたとき、普通は「終わったー。もう書けない」と思う。ところが、この本だけは違った。終わったという充実感がまったく湧いてこない。まだまだ伝えたいことや、僕自身、追い求めていきたいことが山ほどある。

これまで男性向けに限定して書いたことはない。つまりこれが初の男本ということになる。思いっきり書きすぎて、いつも以上に、大幅に予定のページ数を超えてしまったが、今回、またイレギュラーなことがあった。

じつはこの本は7章まであったのだが、最後の編集段階で、最後の1章分を収録しないことにした。

僕は、いま、鹿児島の知覧という町にある特攻隊の資料館「ホタル館　富屋食堂」の特任館長をさせてもらっている。「男」という生き方を僕に一番教えてくれた人たち、それが、いまから70年あまり前に大切な人や故郷、そしてこの日本を守るために命を散らせた特攻隊員さんたちだった。

第7章は、特攻隊の話だった。

この本に書かせてもらった男の条件は、大きく分ければ3つだ。

「大切な人を守る」「土壇場で逃げない」そして「誇り高く生きる」。

でも、ここに収めきれなかった、もう一つの男の条件がある。

「永松さん。この第7章は、別に1冊にしましょう！」

きずな出版さんのありがたいご厚意で、**『人生に迷ったら知覧に行け』**というタイトルの本が、このあとに刊行されることが決まった。よかったらぜひ読んでほしい。


男は誰もが「男」を目指す。そして「男の条件」はまだまだ続いていく。

「男」を極めるのに、これでいいということはない。

僕たちはまだ「男」を目指す旅の途中だ。

永松茂久

［著者プロフィール］

永松茂久　ながまつ・しげひさ

株式会社人財育成JAPAN代表取締役／永松塾主宰／知覧［ホタル館 富屋食堂］特任館長
大分県中津市生まれ。「一流の人材を集めるのではなく、いまいる人間を一流にする」というコンセプトのユニークな人財育成には定評があり、数多くの講演、セミナーを実施。「人の在り方」を伝えるニューリーダーとして多くの若者から圧倒的な支持を得ており、累計動員数は延べ39万人にのぼる。経営、講演だけではなく執筆、人財育成、出版スタジオ、イベント主催、映像編集、コンサルティングなど数々の事業展開をこなすメイドイン九州の実業家である。

鹿児島県南九州市にある「知覧ホタル館」の特任館長も務め「知覧フォーユー研修さくら祭り」など、自身が提唱する「フォーユー精神」を培う研修を行っている。

著書に、『心の壁の壊し方』『人生に迷ったら知覧に行け』『成功の条件』『言葉は現実化する』『影響力』（きずな出版）、『感動の条件』（KKロングセラーズ）、『いい男論』（クロスメディア・パブリッシング）ほか、累計部数は100万部を突破している。

http://nagamatsushigehisa.com/

男の条件

Kizuna Pocket Edition

――こんな「男」は必ず大きくなる

2018年12月 1 日　第 1 刷発行
2024年 3 月25日　第 5 刷発行

著　者　永松茂久
発行者　櫻井秀勲
発行所　きずな出版
東京都新宿区白銀町1-13
〒162-0816
電話03-3260-0391
振替00160-2-633551
http://www.kizuna-pub.jp/
編集協力　ウーマンウエーブ
ブックデザイン　福田和雄（FUKUDA DESIGN）
印刷・製本　モリモト印刷

ISBN978-4-86663-055-7

きずな出版